Zhonghuarenmingongheguo Yiliaofa Zhuanjia Jianyigao Yu Liyou Shuoming

《中华人民共和国医疗法》专家建议稿与理由说明

王岳 高新强 ◎ 主编

中国检察出版社

图书在版编目（CIP）数据

《中华人民共和国医疗法》专家建议稿与理由说明 / 王岳，高新强主编 . — 北京：中国检察出版社，2022.4
ISBN 978-7-5102-2667-0

Ⅰ.①中… Ⅱ.①王… ②高… Ⅲ.①卫生服务—卫生法—立法—研究—中国 Ⅳ.① D922.164

中国版本图书馆 CIP 数据核字（2021）第 252782 号

《中华人民共和国医疗法》专家建议稿与理由说明
主　编　王　岳　高新强

责任编辑： 王伟雪
技术编辑： 王英英
美术编辑： 曹　晓

出版发行：中国检察出版社
社　　址：北京市石景山区香山南路 109 号（100144）
网　　址：中国检察出版社（www.zgjccbs.com）
编辑电话：（010）86423707
发行电话：（010）86423726　86423727　86423728
　　　　　（010）86423730　86423732
经　　销：新华书店
印　　刷：河北宝昌佳彩印刷有限公司
开　　本：710mm×960mm　16 开
印　　张：11.5
字　　数：166 千字
版　　次：2022 年 4 月第一版　2022 年 4 月第一次印刷
书　　号：ISBN 978-7-5102-2667-0
定　　价：42.00 元

检察版图书，版权所有，侵权必究
如遇图书印装质量问题本社负责调换

《〈中华人民共和国医疗法〉专家建议稿与理由说明》编委会

主　　编　　王　岳　高新强
副 主 编　　张　睿　陈　斌　冷婷婷
执行编辑　　王　雨　谢丰婴　孙冬旭

序　言

随着《中华人民共和国医师法》《医疗机构管理条例》《医疗纠纷预防与处理条例》《医疗事故处理条例》等医疗法律法规的颁布实施，我国医疗法律体系基本形成。为进一步规范医事管理，提升医疗质量安全水平，保障患者安全，国家卫健委医政医管局委托课题组开展《中华人民共和国医事法》立法研究，提出医事法框架和具体内容专家建议。

"医事法"称谓源自日本和我国台湾地区，对于其内涵与外延，在将这个概念引进来时未曾界定，甚至成为一个比较含糊的概念；从现阶段来看，学界对于医事法的使用较为混乱。[1] 英国学者摩根认为，医事法是一种回应，而其是不是一门独立学科已无关紧要。如果医事法是一个混合体的话，除包括民法和刑法，还包括行政法、信托法、劳动法等，并且现在也变得更加清楚，它还包括知识产权法的一些内容。[2]

在日本，与医疗相关的法律被统称为"医疗事务法"，以植木哲教授所著《医疗法律学》《医疗纠纷预防法——医疗事务法律》等书最具

---

[1] 杨婷婷：《论生命法学的学科边界》，载《今日南国（理论创新版）》2010年第4期。

[2] 德里克·摩根：《现代英国普通法和医事法的兴起（1960—2010）》，姜栋、邓陆阳、李祥杰译，载《法律文化研究》2010年。

代表性。这些著作集中于以医疗纠纷处理和调整为核心的法律上，阐述了医疗法律学研究的综合性医疗事务法。由此可见，日本学者论述的医疗事务法主要指调整由医疗行为所引起的医疗纠纷法律关系，其内涵和外延是调整医疗行为相关法律关系的医疗法（medical law）。

中国台湾学者黄丁全在其《医事法》一书中认为，卫生法学已不能适应医学模式的转变，必将为医事法学所取代并成为医事法学的一部分。[1]就法学元素而言，医事法学属于卫生法学的一部分。[2]显然，传统卫生法的内涵与外延要比医事法更广泛。所以，医事法应指在卫生法中主要调整医疗服务法律关系的法律法规的总称。

由于医事法的发音与现行医师法容易混淆，因此课题组建议将《中华人民共和国医事法》改为《中华人民共和国医疗法》，主要课题成果为《〈中华人民共和国医疗法〉条文与立法说明》。课题组将研究期间针对《中华人民共和国医疗法》与其他医疗卫生法律法规的关系，域外医事法可借鉴内容，以及难点问题的立法建议等均融入立法说明部分。

鉴于篇幅要求，且希望突出立法的主要制度建议，本书省略了原有第七章"法律责任"部分。本书仅是课题组的一家之言，希望引起学术同道的讨论与关注，提出更多更好的意见和建议。

王　岳　高新强

2021 年 10 月

---

[1] 黄丁全：《医事法》，中国政法大学出版社 2003 年版，第 3~4 页。
[2] 黄丁全：《医事法新论》，法律出版社 2013 年版，第 5 页。

目 录

第一章 总 则

第一条【立法目的】 ·· 1

第二条【医疗法基本原则之一：患者至上原则】 ············ 3

第三条【医疗法基本原则之二：不伤害原则】 ··············· 5

第四条【医疗法基本原则之三：意思自治原则】 ············ 7

第五条【医疗法基本原则之四：公平正义原则】 ············ 9

第六条【医疗法基本原则之五：一视同仁原则】 ··········· 11

第七条【医疗投入与条件保障】 ································· 13

第八条【行政监管权力与监管部门】 ·························· 15

第二章 医疗机构

第九条【医疗机构的规划布局】 ································· 17

第十条【医疗机构的设置标准】 ································· 19

第十一条【医疗机构的设置审批】 ······························ 20

第十二条【医疗机构的登记】 ···································· 22

第十三条【营利性医疗机构和非营利性医疗机构的变更】 ······ 24

第十四条【个体医疗机构设置人的条件】……………………… 25

第十五条【个体医疗机构设置人的禁止情形】…………………… 27

第十六条【联合诊所与医生集团的设置审批】…………………… 29

第十七条【互联网医疗机构的设置审批】………………………… 31

第十八条【医疗机构的名称】……………………………………… 33

第十九条【著名医疗机构名称保护制度】………………………… 35

第二十条【公立医疗机构理事会】………………………………… 37

第二十一条【公立医疗机构管理专家咨询委员会】……………… 38

第二十二条【公立医疗机构院长聘任制度】……………………… 40

第二十三条【公立医疗机构总会计师聘任制度】………………… 41

第二十四条【医疗机构总药师聘任制度】………………………… 42

第二十五条【公立医疗机构法律顾问制度】……………………… 44

第二十六条【公立医疗机构融资担保制度】……………………… 46

第二十七条【公立医疗机构行政人员和医务人员年薪制度】…… 48

第二十八条【医务人员最高工作强度制度】……………………… 50

第二十九条【医疗机构信息公示内容】…………………………… 51

第三十条【医疗机构的电子病历标准】…………………………… 52

第三十一条【公立医疗机构信息化系统标准与诊疗数据权】…… 54

第三十二条【医疗机构的服务收费】……………………………… 56

第三十三条【医疗机构的非创收部门和场所】…………………… 58

第三十四条【捐赠医疗机构的特殊免税制度】…………………… 59

第三十五条【医疗机构人才培养发展基金提存制度】…………… 62

第三十六条【医疗机构患者安全改进基金提存制度】…………… 63

第三十七条【医疗机构秩序的保障】……………………… 65

第三十八条【公安机关对医疗机构的协办职责】………… 66

第三十九条【医疗机构紧急灾害应对职责与补偿原则】… 68

第四十条【医疗机构评监、约谈和公示制度】…………… 69

第四十一条【医疗机构的破产清算】……………………… 71

第三章 医患权利义务和患者权利保护体系

第四十二条【宣告死亡制度】……………………………… 73

第四十三条【患者的生命权】……………………………… 74

第四十四条【患者的宗教信仰权】………………………… 75

第四十五条【患者的健康权】……………………………… 76

第四十六条【患者的身体权】……………………………… 78

第四十七条【患者的隐私权】……………………………… 80

第四十八条【患者的自主决定权、替代同意与医学预嘱制度】… 82

第四十九条【患者的财产权】……………………………… 84

第五十条【知情同意与设立患者学习中心】……………… 85

第五十一条【医师的说明义务、说明标准和义务免除】… 87

第五十二条【医师警戒义务】……………………………… 89

第五十三条【疑难重大手术谈话录音制度】……………… 90

第五十四条【患者的诊疗协力义务】……………………… 91

第五十五条【患者遵守医疗机构规章制度的义务】……… 92

第五十六条【医疗过错与注意义务】……………………… 93

第五十七条【医疗免责与抗辩事由】……………………………… 95

第五十八条【医疗紧急避险原则与自甘风险原则】……………… 96

第五十九条【急救患者的医疗可及性保障】……………………… 98

第六十条【超说明书用药】………………………………………… 99

第六十一条【过度医疗与惩罚性赔偿】…………………………… 102

第六十二条【医疗保险欺诈行为】………………………………… 103

第六十三条【未成年患者权利的特殊保护制度】………………… 104

第六十四条【精神障碍患者权利的特殊保护制度】……………… 106

第六十五条【实验性医疗行为中患者权利的保障】……………… 107

第六十六条【安宁疗护与患者死亡质量保障】…………………… 109

第六十七条【医疗机构殡葬礼仪保障】…………………………… 111

第六十八条【患者安全改进通报与奖励制度】…………………… 112

第六十九条【医疗服务改进制度】………………………………… 113

第七十条【医疗不良事件通报与奖励制度】……………………… 114

第七十一条【输血意外保险和产检意外保险】…………………… 115

第七十二条【患者权利保护体系之一：医疗机构患者服务中心】……… 118

第七十三条【患者权利保护体系之二：医疗机构临床伦理委员会与科研伦理委员会】………………………………………………… 119

第七十四条【患者权利保护体系之三：各级政府卫生健康委员会患者权益保护部门】………………………………………………… 120

第七十五条【患者权利保护体系之四：各级患者权益保护协会】…… 121

第七十六条【患者权利保护体系之五：专家共同体的患者权益保护组织】………………………………………………………… 123

第四章　医疗广告

第七十七条【医疗广告的基本原则】…………………………… 126

第七十八条【医疗广告欺诈】…………………………………… 127

第七十九条【医疗广告的范畴与视为医疗广告的情形】……… 128

第八十条【医疗广告的内容与禁止的情形】…………………… 130

第八十一条【医疗广告主的义务】……………………………… 131

第八十二条【医疗广告经营者的义务】………………………… 132

第八十三条【医疗广告发布者的义务】………………………… 133

第八十四条【健康促进与医疗公益广告】……………………… 134

第八十五条【举报违法医疗广告的奖励制度】………………… 135

第五章　医学教育与教学医院

第八十六条【医学教育体制】…………………………………… 137

第八十七条【医学实习生行医资格制度】……………………… 139

第八十八条【住院医师规范化培训制度】……………………… 140

第八十九条【公立医学院毕业生赴农村服务与长期服务补偿制度】……… 141

第九十条【教学医院的评鉴】…………………………………… 142

第九十一条【教学医院教学发展基金提存制度】……………… 143

第六章　医疗人力资源

第九十二条【全科医师与专科医师】…………………………… 145

第九十三条【口腔医师】………………………………………… 146

第九十四条【心理医师】……………………………………………… 147

第九十五条【病理医师】……………………………………………… 148

第九十六条【麻醉医师】……………………………………………… 149

第九十七条【透析医师】……………………………………………… 150

第九十八条【放射医师】……………………………………………… 151

第九十九条【护理人员与辅助护理员】……………………………… 151

第一百条【药剂师】…………………………………………………… 152

第一百零一条【中药炮制、制剂人员】……………………………… 153

第一百零二条【检验师】……………………………………………… 154

第一百零三条【院前急救人员】……………………………………… 155

第一百零四条【助产士】……………………………………………… 156

第一百零五条【放疗医师】…………………………………………… 157

第一百零六条【超声医师】…………………………………………… 158

第一百零七条【呼吸治疗师】………………………………………… 159

第一百零八条【康复治疗师】………………………………………… 160

第一百零九条【医务社会工作者】…………………………………… 161

第七章 附 则

第一百一十条【医务人员、医疗辅助人员的定义】………………… 162

第一百一十一条【医疗行为、主要医疗行为与辅助医疗行为的定义】…… 163

第一百一十二条【实验性医疗行为的定义】………………………… 166

第一百一十三条【医疗机构、公立医疗机构和私立医疗机构的定义】…… 167

第一百一十四条【医疗法人、医疗营利法人和医疗非营利法人的定义】…… 168

第一百一十五条【医疗广告的定义】………………………………… 169

第一章 总 则

第一条【立法目的】

为了促进医疗卫生健康事业的发展，合理配置医疗卫生资源，保障患者合法权益，提高公民健康水平，推进健康中国建设，制定本法。

【立法说明】

本条是关于立法目的的规定。

立法目的是制定法律的根本目标和宗旨。在法律第一条规定立法的目的和宗旨，符合我国立法的惯例。如《药品管理法》第1条规定的立法目的是"为了加强药品管理，保证药品质量，保障公众用药安全和合法权益，保护和促进公众健康，制定本法"。《疫苗管理法》第1条规定的立法目的是"为了加强疫苗管理，保证疫苗质量和供应，规范预防接种，促进疫苗行业发展，保障公众健康，维护公共卫生安全，制定本法"。《精神卫生法》第1条规定的立法目的是"为了发展精神卫生事业，规范精神卫生服务，维护精神障碍患者的合法权益，制定本法"。《基本医疗卫生与健康促进法》第1条规定的立法目的是"为了发展医疗卫生与健康事业，保障公民享有基本医疗卫生服务，提高公民健康水平，推进健康中国建设，根据宪法，制定本法"。我国台湾地区"医疗法"（1986年颁布，2018年修改）的立法目的是"为促进医疗事业之健全发展，合理分布医疗资源，提高医疗品质，保障病人权益，增进国民健康，特制定本法。本法未规定者，适用其他法律规定"。医事法立法目的包括：

一是促进医疗卫生健康事业发展。关于医事法的立法目的应当从医事法调整的法律关系角度出发进行分析，其首要目的是促进医疗卫生健康事业发展。医疗卫生健康事业包括医疗机构管理、医疗人员、医患关系等内容，发展医疗卫生健康事业也是宪法要求，将其作为首要目的是落实和体现宪法精神的表现。可以说，医事法的规定全部是围绕发展各种医疗卫生健康事业而展开的。

二是合理配置医疗卫生资源。医疗资源分配不均一直是我们要面临的问题，虽然近几年随着国家政策的支持有所改善，但医疗资源分布不公平依然是不可回避的问题。医疗资源包括医疗机构、医疗人员、医疗技术和资金等问题，这些问题都是医事法需要关注的重要问题，直接影响公民健康和医疗卫生健康事业发展。

三是保障患者合法权益。医患关系一直都是医事法的重要内容，医患关系中患者往往处于弱势地位，应当加强对患者合法权益的保护，特别是强调保护合法的权益。对于扰乱正常医疗卫生秩序的违法行为不受法律保护，强调合法权益实际上也体现了法律反对任何伤医、医闹等恶劣事件，进而也反映了对医务人员的保护。

四是提高公民健康水平。人民健康是民族昌盛和国家富强的重要标志，是发展医疗卫生健康事业的最终目的，也是医事法的根本目的，通过立法规制各种医疗卫生法律关系，促进医疗卫生健康事业进步，保障公民身体健康。

五是推进健康中国建设。健康中国是习近平同志在党的十九大报告中提出的发展战略，党中央、国务院发布的《"健康中国2030"规划纲要》进一步提出了健康中国建设的目标和任务，要完善国民健康政策，健全医疗卫生健康领域法律法规，为人民群众提供全方位全周期健康服务。健康中国已经上升到国家战略层面，医事法也将作为重要的法律规范保障健康中国战略的实施。

第二条 【医疗法基本原则之一：患者至上原则】

医疗机构及其医务人员从事医疗活动，应当优先考量患者利益，尊重患者意愿，维护患者生命和健康尊严，维护医患信任基础。

【立法说明】

本条是关于作为医事法基本原则的患者至上原则的规定。

医事法的基本原则，是指反映医事法立法精神、适用于医疗法律关系的基本原则。医事法以增进个人和社会健康、均衡个人和公众健康利益为宗旨，以发展卫生事业、保护患者健康权利、提高公众健康素质为己任。因此，医事法的基本原则是医事法立法和适用的指导思想和基本依据，也是医事法所确认的医疗服务法律关系主体及其医疗服务活动必须遵循的基本准则，同时在医事司法活动中起着指导和制约作用。

患者至上原则，又称病人至上，是指医疗机构及其医务人员从事医疗活动，应当优先考量患者利益，一切活动应当坚持以患者为中心，尊重患者意愿，维护患者生命和健康尊严，维护医患信任基础。

患者至上原则是医事法的首要原则，也是最重要的原则，体现了医事法上的人文主义精神。法律往往会更关注弱势一方，这才可能最终实现公平的目的。正是由于医方所处的专家优势地位，使得法律制度设计与实施往往更倾向于患者一方。实际上，《希波克拉底宣言》中就有提到"对传授我医术的老师（患者），我要像父母一样敬重"。2017年11月，美国芝加哥世界医学研究会（WMA）通过的第8版《日内瓦宣言》（Declaration of Geneva）传承了上述传统："我将给予我的老师（患者）、同事和学生应有的尊重和感激之情。"这种伦理原则实际上已经在医事法上得到认可与体现。在中国古代也有同样的理念，例如，张仲景在《伤寒杂病论》中就提到"精究方术，知人爱人"；孙思邈在《备急千金要方》中也提到"精、诚"，这里的诚就是要以患者至上，要将患者利益放到首位。

2014年中国医师协会公布了《中国医师道德准则》，共40条。第一条在基本准则部分明确规定"坚持患者至上，给予患者充分尊重"，作为行业规定中的基本准则具有重要意义。除此之外，在我国其他现行法律法规中虽然没有直接规定"患者至上"，但"尊重、关心、爱护患者"等规定体现了该原则。例如，《基本医疗卫生与健康促进法》第33条第1款规定，"公民接受医疗卫生服务，应当受到尊重。医疗卫生机构、医疗卫生人员应当关心爱护、平等对待患者，尊重患者人格尊严，保护患者隐私"。在一定程度上也体现了患者至上原则。该原则也早已被美国、日本等域外一些国家和地区所推崇。

医事法是在医学模式转变基础上逐步形成的专门法律，医学模式实际上就是怎样认识医学、健康和疾病的一种观念。20世纪70年代末，伴随着生物－心理－社会医学模式的推出，人们开始认识到患者是权利的集合体，医师要尊重患者的权利，不能再用传统的"父权"临床决策思维进行服务。患者权利保护开始成为世界各国医学界和社会关注的焦点。患者至上原则就是在这种医学模式产生后而萌发的一项重要原则，要求医疗机构及其医务人员把患者利益放到首位，从事医疗活动或其他相关活动必须优先考虑患者利益，尊重患者，维护患者生命和健康尊严。通过立法使医疗机构和医务人员树立"以患者为中心"的价值观，克服"功利主义"思想的诱惑；力争通过立法使医疗机构和医务人员从生物医学模式向人文医学模式转型；力争通过立法将医疗机构和医务人员从"重看病，轻助人""重技术、轻服务"的误区中走出来。

患者至上原则作为医疗机构及医务人员开展医疗活动的重要理念，国内外大多数医疗机构都将这一原则作为医院文化重点建设，强调高质量的医患交流，确保患者享有优质的医疗服务。但是在我国实践中有时这些理念往往被忽视，无法很好落实，现实生活中一些典型的社会医疗问题，如过度医疗、防御性医疗等，追根溯源都是因为没有遵循患者至上原则。患者至上原则虽然规定在本法基本原则部分，实际上该原则已经内化到本法其他条文所规定的内容和具体制度中，如第37条规定的医疗机构患者安全改进基金提存制度、第三章规定的患者权利及保护体系，无不体现该原则。因此，如果能有效发挥患者至上原则的指导作用，有利于加强医患之间的信任，形成一种和谐的医患关系，减少不必要的纠纷，降低社会公众的时间、金钱甚至情感成本。同时，优先关注患者利益，也有利于提高医疗服务水平，化解医疗服务中的难题，促进公民身心健康发展。

第三条 【医疗法基本原则之二：不伤害原则】

医疗机构及其医务人员从事医疗活动，应当慎用专家权力，不得给患者造成不必要的身心伤害，不得让患者承受不必要的危险，不得让患者承担不必要的经济负担。

【立法说明】

本条是关于不伤害原则的规定。

所谓不伤害，是指不使患者身心受到损害。这一原则最早源自《希波克拉底誓言》中的医师职责——最首要和最基本的是不伤害患者（first do no harm）。不伤害患者是每一位医师在从事医疗工作时，都应严加遵守的义务。但要注意这里的"不伤害"并不是绝对性的，因为在临床的各种医疗处置中，会有程度不一的风险存在，要完全做到不伤害是不可能的。如放射线治疗，虽可杀死肿瘤细胞，但对周围的正常组织也可能造成伤害。在医疗处置上如何掌握使行善的好处大于对患者的伤害，是非常重要的。所以，不伤害原则可以解读为医师对患者的一种"不加重患者病情"的义务。

不伤害原则原本是伦理上的原则，但随着患者健康权利和医师的职业义务法治化后，这一原则已经上升为医事法上的基本原则之一。这里要处理好不伤害原则与伦理上的行善原则，即"仁慈和做善事"，它包含"善行、仁慈之心、利他、关怀和人性"。行善原则（beneficence）是共同道德理论的中心主题，被认为是人性中驱动人们造福他人的力量。行善包括执行对患者有益（应该做的事）和不做对患者有害（不应该做的事）的医疗处置。不伤害原则强调应维护患者的生命安全，而行善原则则强调应做对患者有正面意义的事，可见两者是有很大区别的，不容混淆，将不伤害原则规定为医事法的基本原则是适当的，也是必要的。

本条规定"医疗机构及其医务人员从事医疗活动，应当慎用专家权力"。所谓专家权力，是指个人因具有某种专门知识和技能而在组织中产生的一种影响力，专家往往通过自己在特殊领域的专长来影响他人，这种权利的来源是信息和专业特长。医师对患者就拥有一种"专家权力"。美国学者约翰·弗伦奇（French J）认为，"权力"就是让别人听你的话，所以除了我们熟知的国家机器拥有的公权力，还有四种权力，其中，专家群体拥有的是专家权力。不伤害原则实际上就是对医务人员所享有的专家权力的限制，因此，不伤害原则应当与患者至上原则一道作为医事法的基本原则。

不伤害原则对医务人员而言应当包括下列义务：（1）不杀害患者；（2）不可因故意和过失，造成对患者生命的危害；（3）尤其对那些无力保护自己的人，如幼童、老人、智力障碍者和重度伤残者，更不可施以伤害；（4）应预防患者受伤害；（5）应事先评估并预测发生伤害的可能性，采取适当的防护措施，以防止患者受伤害；（6）不得让患者承担不必要的经济负担；（7）应除去伤害因素。

不伤害原则在医疗实践中体现更加明显：第一，应强调维护患者的生命安全，医务人员应维持个人的临床能力，能预测发生伤害的可能性，并提供符合水平的服务。第二，应执行医疗上必要的处置，凡是医疗上对患者是无益的、不必要的或是属于禁忌症的，医务人员强行去做，一定会使患者遭受损害，所以应谨慎评估及在必要时才执行，绝对不进行不必要的用药、手术或治疗。第三，应以"权衡利害关系"为基础，即在医疗处置时，应先衡量其利弊得失，必要时进行危险和利益分析，如果好处多于害处，才可执行。如果同时有数种方法可实行，但每一种都有某种风险或副作用，则应一一比较，最后选取风险少、优点多的方案。这些都是实践中的重要体现，由此可见，不伤害原则对于保障患者生命健康具有重要指导意义，应当作为医事法的基本原则在法律中加以明确。

《基本医疗卫生与健康促进法》第 54 条的规定也体现了该原则，即"医疗卫生人员应当遵循医学科学规律，遵守有关临床诊疗技术规范和各项操作规范以及医学伦理规范，使用适宜技术和药物，合理诊疗，因病施治，不得对患者实施过度医疗。医疗卫生人员不得利用职务之便索要、非法收受财物或者谋取其他不正当利益"。

第四条 【医疗法基本原则之三：意思自治原则】

除法律特殊规定外，医疗活动应当遵循意思自治原则，按照患者的真实意愿设立、变更和终止医疗法律关系。

【立法说明】

本条是关于意思自治原则的规定。

意思自治原则原本是民法基本原则，《民法典》第 5 条规定，"民事主体从事民事活动，应当遵循自愿原则，按照自己的意思设立、变更、终止民事法律关系"。医事法律关系以民事法律关系为主，所以民法上的意思自治原则亦为医事法的基本原则之一。

所谓意思自治原则，是指民事主体依法享有在法定范围内广泛的行为自由，并可以根据自己的意志产生、变更、消灭民事法律关系。在医事法上，意思自治原则赋予医事法律关系的主体在法律规定的范围内享有广泛的自由。医事法律关系当事人有权依法从事某种医疗活动和不从事某种医疗活动；医事法律关系当事人有权选择其医疗行为的内容；医事法律关系主体有权选择其行为的方式、有权选择补救方式。意思自治原则，允许医事法律关系当事人通过法律行为调整他们之间的关系；允许医事法律关系主体通过自己的意志产生、变更和消灭医事法律关系。

保护患者权利的观念是医事法的基础，而患者的自治是患者权利的核心。所谓患者自治，是指患者自己决定和处理医事法赋予患者的权利。一般认为，在医疗卫生服务中对患者作出各种限制是不可避免的，但这些限制原则上须经患者同意，并尽可能减少至最低限度，且这些限制应当具有法律基础。意思自治原则明确了行政机关干预与医事法律关系主体的行为自由的合理边界，即法无明文禁止即自由。也就是说，只要不违反法律、法规的强制性规定和公序良俗，国家就不得对医事法律关系进行干预。医师、行政机关和法律也不得限制和干预医事法律关系主体依据医事法享有的财产自由和人身自由。

应当注意的是，意思自治的前提必须是意思真实。由于医学的专业性，经常会发生医患双方知识不对称而导致的患者意思表示不真实现象。所谓意思表示不真实，是指患者表现于外部的意志与其内心的真实意志不一致，即患者表示要追求的某种民事后果并非其内心真正希望出现的后果。患者意思表示的不真实，可能由患者主观上的原因引起（如对医务人员的不信任），也可能由某种客观原因引起（如医学专业知识方面的误解）。

意思自治原则可以从以下四个方面来理解：首先：医事主体有权自愿从事医事活动，接受或不接受某一医事活动由其根据自身意志和利益自由决定，其他主体不得干预，更不能强迫其参加。其次，医事主体有权自主决定医事法律关系的内容。医事主体决定参与医事活动后，可以根据自己的利益和需要，决定与谁建立医事法律关系，并决定具体的权利、义务内容，以及医事活动的行为方式。再次，医事主体有权自主决定医事法律关系的变动。医事法律关系的产生、变更、消灭应由医事主体根据本人意志自主决定。最后，医事主体应当自觉承受相应法律后果。自愿或者说意思自治的必然要求就是，每个人对自己的行为负责。意思自治原则要求医事主体在行使权利的同时自觉履行约定或法定的义务，并承担相应的法律后果。

值得注意的是，本条文对意思自治原则进行了一定程度的限定，即"除法律特殊规定外，医疗活动应当遵循意思自治原则"，如何理解"除法律特殊规定外"？首先，这里的法律应当指的是狭义上的法律，即全国人大及其常委会通过的法律，不包括行政法规、地方性法规、规章等。其次，何为特殊规定，主要指强制医疗的规定，所谓强制医疗，是指非自愿的强制治疗。

广义的强制医疗主要包括吸毒、精神病、传染性公共疾病等。这些主体往往无法表达自己的真实意愿或者存在拒绝表达自己真实意愿的危险,意思自治也就无从谈起。因此,出于公共安全的考虑需要对其采取可能违背其意愿的强制医疗,最为常见的是对精神病人的强制医疗。但是该医疗行为将会对公民自由造成极大的限制甚至剥夺,所以必须要求法律明文规定,如《精神卫生法》《传染病防治法》都对此作了相应规定。最后,除法律明文规定的情形外,不得对患者意思自治进行不当限制。

需要进一步明确的是,意思自治不是毫无约束的绝对的自由与放任,特别是作为医事法上的基本原则,有特殊的要求,要求医事主体从事医事活动要诚实守信,不得违反法律,不得违背公序良俗,不得违背医学伦理要求。

第五条【医疗法基本原则之四:公平正义原则】

医疗机构及其医务人员从事医疗活动,应当秉持公正,合理分配有限医疗资源,维护各方权益,承担社会责任。

【立法说明】

本条是关于公平正义原则的规定。

公平正义原则要求医疗机构及其医务人员从事医疗活动,应当秉持公平、公正、平允、合理地确定各方的权利和义务,合理分配有限医疗资源,维护各方权益,承担社会责任。公平原则体现了医事法促进社会公平正义的基本价值,对规范医疗机构及其医务人员的行为发挥着重要作用。

我国现行的不少法律中都规定了公平原则,最典型的如《民法典》第六条"民事主体从事民事活动,应当遵循公平原则,合理确定各方的权利和义务"规定。除此之外,很多民事单行法也规定了公平原则,如《合伙企业法》第5条规定,"订立合伙协议、设立合伙企业应当遵循平等原则";《消费者权益保护法》第4条规定,"经营者与消费者进行交易应当遵循公平原则"。医事法律关系以民事法律关系为主,所以作为民法上的公平正义原则亦为医事法的基本原则之一。同时,医事法作为法律,法的基本理念公平正义原则理应体现其中。

"公平正义"无论是在中国还是在西方都是一个古老的概念。博登海默说,"公平正义有着一张普洛透斯似的脸(a protean face),变幻无常,随时可呈不同形状并具有极不相同的面貌。当我们仔细查看这张脸并试图解开隐藏其表面背后的秘密时,我们往往会深感迷惑"。或许正因为如此,公平正义才以其迷人的魅力令古今中外无数的思想家为之痴迷。直到今天,它仍然吸引着众多思想家去试图揭开其神秘的面纱。柏拉图、亚里士多德的正义理论虽各有不同,但都有"给每个人以其所应得"的基本内涵。西塞罗也曾把公平正义描述为"使每个人获得其应得的东西的人类精神取向"。可见,公平正义是一个标志合法性、合理性、合情性的最高范畴,其基本内涵就是给予每个人应得的东西。公平正义是人类社会追求的永恒价值理想,在人类历史上,思想家们设计出许多正义社会的理想模式。从古希腊柏拉图的《理想国》,到近代莫尔的《乌托邦》;从古代中国的大同社会,到当代中国的社会主义和谐社会,都反映了不同时代人们对理想公平正义社会的追寻。

公平正义一直被视为人类社会的美德和崇高的价值理想,是人类共同追求的基本价值,也是法律追求的基本价值,法秩序应符合正义理念的要求,而医疗秩序既然作为法秩序的一种,也应遵循公平正义原则,以落实医疗人权的保障。同时医事法的各项基本原则是相互补充、相辅相成的,如果不规定公平正义原则,医事法的基本原则就不周延,所以公平正义应当成为医事法的基本原则。

医事法上的公平正义主要包括:(1)公民在医疗社会中平等享有合理医疗资源的权利;(2)公民对于医疗资源的运用和分配,具有参与决定之权利;(3)对于医疗活动所发生的责任归属,则应落实医疗人权的保障,医务人员在医疗活动中主持公道,坚持维护人类的生命尊严;(4)公平正义原则要求医事法律关系主体从事医事活动时要秉持公平理念,公正、平允、合理地确定各方的权利和义务,并依法承担相应的法律责任。公平正义原则体现了医事法促进社会公平正义的基本价值，对规范医事法律关系主体的行为发挥着重要作用。

公平正义原则作为医事法的基本原则，不仅仅是医事法律主体从事医事活动应当遵守的基本行为准则，也是人民法院审理医疗领域纠纷应当遵守的基本裁判准则。

第六条 【医疗法基本原则之五：一视同仁原则】

> 医务人员应当对患者一视同仁，不因患者年龄、疾病或残疾、信仰、民族、性别、国籍、政治信仰、种族、性取向、社会地位，或任何其他因素而差异化对待。

【立法说明】

本条是关于一视同仁原则的规定。

一视同仁原则要求，不论患者的年龄、疾病或残疾、信仰、民族、性别、国籍、政治信仰、种族、性取向、社会地位，或任何其他因素的差异，医疗机构及其医务人员应当对患者一视同仁，不得差别对待。一视同仁原则是从患者权利角度出发对医疗机构及其医务人员提出的要求，本质上体现平等原则，属于患者享有的平等医疗保健权的表现，即每位患者对医疗资源（包括机构设备与人力）所享有的权利，不因男女、老幼、贫贱富贵而有所不同，应一律平等。

我国宪法明确规定了一般平等条款和特别平等条款，《宪法》第33条第2款规定了"中华人民共和国公民在法律面前一律平等"。这是我国宪法的一般平等权条款。第4条第1款"中华人民共和国各民族一律平等"、第36条第2款"任何国家机关、社会团体和个人不得强制公民信仰宗教或者不信仰宗教，不得歧视信仰宗教的公民和不信仰宗教的公民"和第48条"中华人民共和国妇女在政治的、经济的、文化的、社会的和家庭的生活等各方面享有同男子平等的权利"还分别强调了民族平等、信仰平等和男女平等，这三条规定是我国宪法的特别平等权条款。宪法规定的人人平等原则，需要在医事法中加以落实，在医事法中体现为一视同仁原则，不仅如此，该原则也是《民法典》第 4 条平等原则在医事法中的体现。

唐代孙思邈在医学伦理著作《大医精诚录》中就曾提到"若有疾厄求救者，不得问其贵贱、贫富、长幼、妍媸、怨亲善友、华夷、愚智普同一等皆如至亲之想"；明代陈实功在《外科正宗》中提出"五戒十要"，其中五戒就包含了"贫富不等"和"对于娼妓等应视如良家子女不可不尊"；《医工论》一书中也提到了"贫富用心皆一""贵贱使药无别"。由此可见，早在唐代就已经提出了一视同仁原则，该原则背后所蕴含的理念甚至可以追溯到春秋战国时期之前，这也体现了该原则的重要意义。

一视同仁原则是医事法的前提和基础，是国家立法规范医事法律关系的逻辑起点，更是医疗机构及医务人员提供医疗服务、对待患者的基本出发点和基本立场。本条既是基本原则，又是医疗机构和医务人员进行医疗活动的基本准则。医务人员如果不能对患者一视同仁，患者就不可能有真正的意思自治，更不可能实现患者至上。

医疗机构及其医务人员对待患者一视同仁是患者接受医疗服务，自主决定医疗活动的权利义务内容，实现患者意思自治的前提。只有医务人员对患者平等对待，医患双方才能相互尊重对方的自由和意志，进而在平等对话、互相尊重的基础上促成医患之间相互信任，形成和谐有序的医患关系。医事法规定一视同仁原则就是要确认患者作为医事法律关系中的这种平等性，以排除任何特权，防止和避免医疗机构和医务人员利用专家权力或某种地位上的优势威胁、限制、不正当对待患者。因此，一视同仁原则是患者至上原则的基础和题中应有之义，也是意思自治原则的基础和前提。

第七条 【医疗投入与条件保障】

县级以上各级人民政府负责本行政区域内医疗投入与条件保障，完善统一城乡居民基本医疗保障制度。

【立法说明】

本条是关于医疗投入与条件保障的规定。

本条实际是强调政府在医疗卫生健康事业中的责任，可以看作健康促进原则及公益性原则的进一步延伸，自改革开放以来，我国的医疗卫生体制发生了巨大变化。2009 年公布的《中共中央、国务院关于深化医药卫生体制改革的意见》第 10 条提出要建立"政府主导的多元卫生投入机制"；《基本医疗卫生与健康促进法》第 11 条也明确规定，"国家加大对医疗卫生与健康事业的财政投入，通过增加转移支付等方式重点扶持革命老区、民族地区、边疆地区和经济欠发达地区发展医疗卫生与健康事业"；第 80 条规定，"各级人民政府应当切实履行发展医疗卫生与健康事业的职责，建立与经济社会发展、财政状况和健康指标相适应的医疗卫生与健康事业投入机制，将医疗卫生与健康促进经费纳入本级政府预算，按照规定主要用于保障基本医疗服务、公共卫生服务、基本医疗保障和政府举办的医疗卫生机构建设和运行发展"。总体来说，当前我国医疗卫生事业的发展仍旧面临诸多问题，医疗卫生资源配置效率较低，发展不平衡、不公平。因此，为了解决这些问题，对政府提出更多要求，要求政府合理增加对医疗卫生事业的财政投入，并且提供条件保障，从而提高中国居民整体幸福感和医疗服务水平，促进我国医疗卫生事业的较快发展。如何加大医疗投入、提高条件保障，包括以下内容：

1.明确界定医疗卫生服务的属性，厘清政府和市场的责任边界。我国医疗体制改革从一开始就强调了市场的重要作用，然而，医疗卫生的市场化却会造成外部性的减退以及市场失灵等现象，严重威胁医疗获得的公平性，所以强调政府在医疗卫生事业中的主导作用成为一种最佳选择。医疗卫生服务本质上属于公共服务或者公共产品，政府作为公共服务的提供者，应当加大医疗资金等方面的投入，以改变患者的弱势地位、平衡医患双方的力量对比，从而提高医疗卫生服务的可及性、公平性。同时，政府既是医疗资源的配置者，又是医疗健康事业的监管者，要充分发挥好政府在加大投入、制定法规政策、严格监管等方面的重要作用。

2. 加大政府对医疗卫生事业的财政投入规模，实现结构优化。早在2012年国务院就出台了《关于印发"十二五"期间深化医药卫生体制改革规划暨实施方案的通知》，对政府的卫生筹资功能进一步强化，并明确提出政府应加大对医疗卫生的投入力度，转变投入机制以调整政府卫生投入的流向，这也表明我国正在逐步强化政府对医疗卫生服务的投入责任，关键还要履行好该职责。

3. 不断完善转移支付制度，提高医疗卫生支出的公平和效率。现阶段，我国的卫生资源配置存在较大的区域和城乡差异，各种医疗卫生资源呈现向东部经济发达地区聚集的现象，由此导致东部与中西部地区、大中城市和小城市、城乡之间医疗卫生资源差距逐步加大，特别是医疗领域具有特殊性使这种分配不均的弊端充分显现，造成了社会资源的极大浪费，也无法充分地关注公民的健康，与我国建设健康中国的目标不相符合。为改变这种区域和城乡间医疗卫生资源不合理配置的布局，对于医疗资源分布较弱甚至短缺的地区，中央以及各地方政府应完善转移支付制度，通过在贫困地区实施专项转移支付，以增加医疗资源投入，尤其要增加对公共卫生和农村卫生的投入力度，以此平衡区域间的卫生资源配置。

4. 合理调整医疗卫生支出结构，提高医疗卫生资源使用效率。政府在增加医疗卫生总投入量的同时应提高对医疗保障、疾病预防和控制、健康教育、妇幼保健等方面的支出比重。适当提高医学的科研支出，将医疗卫生资源的使用率发挥到最大。

5. 完善统一的城乡居民基本医疗保险制度，是实现城乡居民公平享有基本医疗保险权益、促进社会公平正义、增进人民福祉的重大举措，过去由于城乡之间医疗保险是分开管理、核算的，问题很多，将两者统一对促进城乡经济社会协调发展、实现健康中国战略具有重要意义。

> **第八条【行政监管权力与监管部门】**
>
> 　　国务院卫生健康主管部门主管全国医疗服务工作。县级以上地方人民政府卫生健康主管部门负责本行政区域内的医疗服务工作。县级以上人民政府其他部门在各自的职责范围内负责医疗服务工作。
>
> 　　县级以上人民政府卫生健康主管部门行使下列监督管理职权：
>
> 　　（一）负责医疗机构的设置审批、执业登记和校验；
>
> 　　（二）负责组织医务人员的执业登记；
>
> 　　（三）负责对医疗机构及其医务人员的执业活动进行检查指导；
>
> 　　（四）负责组织对医疗机构及其医务人员的评审；
>
> 　　（五）其他监督管理职权。

【立法说明】

本条是关于医疗卫生健康事业的行政监管权力与监管部门的规定。

有关本条内容现行法律规范规定在《医疗机构管理条例》中，医疗卫生健康事业事关人民群众身体健康、生活幸福，需要专门主管部门担负起监督管理的职责，监管对象主要包括医疗机构及其医务人员。具体包括以下内容：

1.国务院卫生健康主管部门主管全国医疗服务工作。根据国务院机构改革方案，医疗卫生工作将主要由新组建的国家卫生健康委员会负责，即国务院卫生健康主管部门，其主要职责包括：组织拟定国民健康政策，拟定卫生健康事业发展法律法规草案、政策、规划，制定部门规章和标准并组织实施；统筹规划卫生健康资源配置，指导区域卫生健康规划的编制和实施；制定并组织实施推进卫生健康基本公共服务均等化、普惠化、便捷化和公共资源向基层延伸等政策措施；协调推进深化医药卫生体制改革，研究提出深化医药卫生体制改革重大方针、政策、措施的建议；组织深化公立医院综合改革，推进管办分离，健全现代医院管理制度，制定并组织实施推动卫生健康公共服务提供主体多元化、提供方式多样化的政策措施，提出医疗服务和药品价格政策的建议等。

2. 县级以上地方人民政府卫生健康主管部门负责本行政区域内的医疗服务工作。根据地方机构改革方案，省、市、县各级设立卫生健康委员会主管本行政区域内的医疗业务管理工作，具体职责参见国家卫健委，具体行政监管权力由各主管机构依法自行规定并公开。

3. 各级卫生健康主管部门监管职责由行政法规进行具体规定，根据目前立法现状，此内容规定在《医疗机构管理条例》中，其第40条规定："县级以上人民政府卫生行政部门行使下列监督管理职权：（一）负责医疗机构的设置审批、执业登记和校验；（二）对医疗机构的执业活动进行检查指导；（三）负责组织对医疗机构的评审；（四）对违反本条例的行为给予处罚。"上述主要监管对象为医疗机构，可见该立法的局限性。本法中增加了对医务人员的监管，做到监管对象全覆盖，符合医事法的立法目的和宗旨。

4. 县级以上人民政府其他部门在各自的职责范围内负责医疗服务工作。这里的其他部门包括国家及地方医疗保障局、市场监督管理局等，各行政机关应当相互协同，共同促进医疗卫生健康事业的发展。

明确医疗卫生行政监管权力与监管部门，有利于促进行政机关依法行政，更好更加规范地开展医疗卫生健康领域工作，推动实施健康中国战略，保障人民身体健康，为人民群众提供全方位全周期健康服务。

第二章 医疗机构

第九条 【医疗机构的规划布局】

为促进医疗资源均衡发展，统筹规划现有医疗机构及人力合理分布，县级以上地方人民政府应当制定本行政区域医疗机构设置规划，建立分级医疗制度，提请同级人民代表大会常务委员会批准后实施，实施情况定期向社会公布。

【立法说明】

本条是关于医疗机构规划布局的规定。

医疗卫生健康事业的长足发展依靠医疗资源的合理配置来实现，由于医疗资源的有限性及个人需求的差异，在合理医疗负担前提下有效地分配医疗资源，特别是医疗机构作为医疗资源的重要组成部分和其他医疗资源的载体，其规划布局对促进我国医疗事业均衡发展具有重要意义，医事法必须承担起平衡国家医疗卫生资源的任务，合理分布医疗机构也是医事法的基本要求之一。

在此之前，我国出台了《医疗机构管理条例》，作为现行有效管理医疗机构的行政法规，一直以来发挥了重要作用，本次立法与其相协调，将一些重要的内容通过法律的形式规定下来，其中就包含有关医疗机构规划布局的内容。《医疗机构管理条例》第6条规定"县级以上地方人民政府卫生行政部门应当根据本行政区域内的人口、医疗资源、医疗需求和现有医疗机构的分布状况，制定本行政区域医疗机构设置规划。机关、企业和事业单位可以根据需要设置医疗机构，并纳入当地医疗机构的设置规划"；第7条规定"县级以上地方人民政府应当把医疗机构设置规划纳入当地的区域卫生发展规划和城乡建设发展总体规划";第8条规定"设置医疗机构应当符合医疗机构设置规划和医疗机构基本标准。医疗机构基本标准由国务院卫生行政部门制定"。《基本医疗卫生与健康促进法》作为医疗卫生领域基本法，也在第10条规定"国家合理规划和配置医疗卫生资源，以基层为重点，采取多种措施优先支持县级以下医疗卫生机构发展，提高其医疗卫生服务能力";第37条规定"县级以上人民政府应当制定并落实医疗卫生服务体系规划，科学配置医疗卫生资源，举办医疗卫生机构，为公民获得基本医疗卫生服务提供保障。政府举办医疗卫生机构，应当考虑本行政区域人口、经济社会发展状况、医疗卫生资源、健康危险因素、发病率、患病率以及紧急救治需求等情况"。

本条与《基本医疗卫生与健康促进法》有关规定相衔接，主要从宏观角度对医疗机构规划目的、要求、批准和监督程序进行规定，医事法没有规定的具体内容依然适用医疗机构管理条例。具体内容包括：

1.对医疗机构进行规划的目的在于促进医疗资源均衡发展，统筹规划现有医疗机构及人力合理分布。此规定着眼于现实面临的医疗资源分配不均问题，既为医疗机构规划设定了目标，又对其提出了具体要求。

2.本条文规定了制定医疗机构设置规划的主管机关，即县级以上人民政府。此规定一方面考虑到县级以上人民政府有一定的人力、物力、财力进行区域卫生发展规划等城乡建设规划；另一方面考虑到配合医疗体制改革建设基层医疗机构的需要。

3.建立分级诊疗制度。分级诊疗，是指按照疾病的轻重缓急及治疗的难易程度进行分级，不同级别的医疗机构承担不同疾病的治疗，逐步实现从全科到专业化的医疗过程，即基层首诊、双向转诊、急慢分治、上下联动。建立分级诊疗制度，是合理配置医疗资源、促进基本医疗卫生服务均等化的重要举措，是深化医药卫生体制改革、建立中国特色基本医疗卫生制度的重要内容，对于促进医药卫生事业长远健康发展、提高人民健康水平、保障和改善民生具有重要意义。

4.医疗机构设置规划需提请同级人民代表大会常务委员会批准后实施，

实施情况定期向社会公布，此规定更加有利于规划的科学性、合理性，特别是定期向社会公布制度促进医疗机构布局的合理性。

近年来，随着"健康中国"战略的推进和各地城市化的发展，诸多城市制定了新的医疗机构布局规划，如2018年成都市编制的《成都市医疗卫生资源布局规划（2017—2035年）》、2019年广州市出台的《广州市医疗卫生设施布局规划（2011—2020年）》修订版。完善医疗机构布局规划制度，有利于医疗资源更加均衡合理配置，使患者就医更加便利，满足群众对健康生活的需要。

第十条【医疗机构的设置标准】

医疗机构的设置条件和配置应当符合医疗机构设置规划和基本标准。

【立法说明】

本条是关于医疗机构设置标准的规定。

所谓医疗机构的设置标准，是指举办医疗机构应当具备的条件，既是申请设置医疗机构的基本要求，也是相关主管部门审核设置医疗机构的标准。《医疗机构管理条例》第8条"设置医疗机构应当符合医疗机构设置规划和医疗机构基本标准。医疗机构基本标准由国务院卫生行政部门制定"对此作了规定。《基本医疗卫生与健康促进法》也规定了设置医疗机构的条件，第38条规定，"举办医疗机构，应当具备下列条件，按照国家有关医疗机构管理的规定办理审批或者备案手续：（一）有符合规定的名称、组织机构和场所；（二）有与其开展的业务相适应的经费、设施、设备和医疗卫生人员；（三）有相应的规章制度；（四）能够独立承担民事责任；（五）法律、行政法规规定的其他条件。医疗机构依法取得执业许可证。禁止伪造、变造、买卖、出租、出借医疗机构执业许可证。各级各类医疗卫生机构应当具备的具体条件和配置应当符合国务院卫生健康主管部门制定的医疗卫生机构标准"。

为了与《基本医疗卫生与健康促进法》相衔接，本条不再对医疗机构的设置条件作详细规定，但医疗机构的设置条件和配置应当符合医疗机构的设置规划和基本标准。医疗机构设置规划问题规定在本法第9条，医疗设置基本标准具体内容比较细致不宜在法律中规定，应由国务院卫生行政部门制定。国家卫计委于2017年下发了最新的《医疗机构基本标准（试行）》，代替了1994年的旧版标准。对综合医院中医医院、中西医结合医院、民族医医院、专科医院、口腔医院、肿瘤医院、儿童医院、精神病医院、传染病医院、心血管病医院、血液病医院、皮肤病医院、整形外科医院、美容医院、康复医院、疗养院等的设立标准进行了明确规定。尚未列入本标准的医疗机构，可比照同类医疗机构基本标准执行。

> **第十一条【医疗机构的设置审批】**
> 单位或个人设置医疗机构，必须经县级以上地方人民政府卫生健康主管部门审查批准，卫生健康主管部门应当自受理设置申请之日起三十日内，作出批准或者不批准的书面答复；批准设置的，发给设置《医疗机构执业许可证》。

【立法说明】

本条是关于医疗机构设置审批的规定。

医疗机构的设置审批目前主要规定在国务院《医疗机构管理条例》及《医疗机构管理条例实施细则》中，特别是后者在第二章专章规定了"设置审批"。近年来，随着深化"放管服"改革，出台了一些部门规章，综合这些规定，并结合我国实际制定本条文。具体包括以下内容：

1.我国目前对医疗机构设置审批分为两类。对于二级及以下医疗机构作出特别规定，根据国家卫生健康委员会出台的《关于进一步改革完善医疗机构、医师审批工作的通知》（国卫医发〔2018〕19号）等有关规定，二级及以下医疗机构设置审批与执业登记"两证合一"，即除三级医院、三级妇幼保健院、急救中心、急救站、临床检验中心、中外合资合作医疗机构、港澳台独资医疗机构外，举办其他医疗机构的，卫生健康主管部门不再核发《设置医疗机构批准书》，仅在执业登记时发放《医疗机构执业许可证》。在申请执业登记前，举办人应当对设置医疗机构的可行性和对周边的影响进行深入研究，合理设计医疗机构的选址布局、功能定位、服务方式、诊疗科目、人员配备、床位数量、设备设施等事项。在申请执业登记时，申请人应当提交《医疗机构管理条例实施细则》第25条第1款第2项至第7项规定的材料（不含验资证明）。卫生健康主管部门受理医疗机构执业登记申请后，应当对申请登记的医疗机构基本情况进行公示，并按照《医疗机构管理条例实施细则》第26条进行审核；审核合格的，发给《医疗机构执业许可证》；审核不合格的，将审核结果和不予批准的理由以书面形式通知申请人。

2.设置医疗机构的主体包括单位和个人，特别是2018年国家发展改革委、民政部、自然资源部、生态环境部、住房和城乡建设部、卫生健康委、应急部、市场监管总局、中医药局《关于优化社会办医疗机构跨部门审批工作的通知》（发改社会〔2018〕1147号）支持社会办医发展，加快形成多元办医格局，优化社会办医机构跨部门审批进行规定。优化跨部门审批工作，区分营利医疗机构与非营利医疗机构跨部门审批的不同流程，提高行政效率，促进社会办医。该通知进一步放开对社会办医的限制，不仅许可政府以外的其他单位举办医疗机构，也应当鼓励具有一定资金实力的个人举办医疗机构。

3.具体程序的规定，无论是单位还是个人设置医疗机构，必须经过县级以上地方人民政府卫生健康主管部门审查批准，卫生健康主管部门应当自受理设置申请之日起30日内，作出批准或者不批准的书面答复；批准设置的，发给设置《医疗机构执业许可证》。一方面留给卫生健康主管部门充足的时间进行审查；另一方面保障相对人合法权益，特规定了30日的审查时间。此外，特别强调批准或者不批准都应当作出书面答复。这一点符合行政法学理论和实践的基本要求。

4.医事法作为法律在具体审批流程和审批事项划分等问题上规定不宜

过细,有关这些问题由行政法规或国家卫生健康主管部门通过部门规章具体规定。

> **第十二条【医疗机构的登记】**
>
> 医疗机构执业应当进行登记,领取《医疗机构执业许可证》。医疗机构改变名称、场所、主要负责人、诊疗科目、床位,应当向原登记机关办理变更登记。
>
> 医疗机构应定期校验,校验由原登记机关办理。
>
> 医疗机构歇业必须向原登记机关办理注销登记,经登记机关核准后,收缴《医疗机构执业许可证》。医疗机构非因改建、扩建原因停业超过一年的,视为歇业。
>
> 医疗机构设置、登记的具体管理办法由国务院卫生健康主管部门制定。

【立法说明】

本条是关于医疗机构登记的规定。

医疗机构的登记,是指医疗机构依法将其内部情况向国家登记机关报告登记的制度,是将医疗机构内部情况公之于众的一种方法。通过医疗机构登记进行公示,既是保护患者生命健康安全的需要,也是对医疗机构进行必要的管理监督,以实现对社会秩序有效调控的需要。本条文规定的登记包括医疗机构的初始登记、变更登记、校验、歇业(注销登记)。

根据我国民法理论及相关法律规定,除依法不需要办理法人登记即可成立的少数法人外,绝大多数法人只有经登记机关依法登记,方能取得法人资格。关于法人登记的规定具体有《公司登记管理条例》第3条、《事业单位登记管理暂行条例》第8条等。

医疗机构相对于一般法人具有特殊性,《医疗机构管理条例》中专章规定了医疗机构登记制度,包括登记、登记条件、主管部门、登记事项、审核程序、变更登记、歇业、校验、《医疗机构执业许可证》管理等，可见规定得较为完备，我国目前有关医疗机构登记问题主要依据该行政法规的规定。相较我国台湾地区，我国缺少法律层级的规定，如我国台湾地区"医疗法"第23条规定"医疗机构歇业、停业时，应于事实发生后三十日内，报请原发开业执照机关备查。前项停业之期间，以一年为限；逾一年者，应于届至日起三十日内办理歇业。医疗机构未依前项规定办理歇业时，主管机关得径予歇业。医疗机构迁移者，准用关于设立及开业之规定。医疗机构复业时，准用关于开业之规定"。在拟定法条时主要参考以上条文并对我国已有的登记制度进行总结，本条文共四款主要涉及医疗机构的登记、变更、校验和注销等，主要包括以下内容：

第1款前段要求医疗机构执业应当进行登记，领取《医疗机构执业许可证》，对医疗机构的管理采取严格的法定主义，即未经登记并领取《医疗机构执业许可证》的不得执业，本条与医疗机构设置审批制度相衔接。后段规定的是变更登记，依法成立的医疗机构，在取得执业资格的同时，登记事项也将产生对外公示的效力，这些登记事项在医疗机构的管理运作过程中可能发生变化，如果不及时变更登记，就会出现对外公示的登记信息与医疗机构的实际信息不一致的情况，从而产生安全隐患。因此，医疗机构改变主要登记事项的应当及时变更登记，同时本法明确规定了其中最重要的五项，即名称、场所、主要负责人、诊疗科目、床位。笔者认为不限于此，其他事项需要变更的也应当进行变更登记。

第2款规定的是医疗机构的校验。2009年卫生部《医疗机构校验管理办法（试行）》第2条规定，所谓校验，是指卫生行政部门依法对医疗机构的基本条件和执业状况进行检查、评估、审核，并依法作出相应结论的过程。为保证医疗机构正常运营，医疗机构应定期进行校验，校验由原登记机关办理。

第3款规定的是医疗机构的歇业，本条款前段规定歇业必须向原登记机关办理注销登记，经登记机关核准后，收缴《医疗机构执业许可证》，医疗机构歇业的应当公告，公告期间，任何机构和个人不得以该医疗机构的名义开展诊疗活动。本条款后段规定的是视为歇业的情形，即医疗机构非因改建、扩建原因停业超过一年的，视为歇业。

第4款规定的是由国家卫健委通过规章形式制定具体细则，即医疗机构设置、登记、校验、歇业的具体管理办法由国务院卫生健康主管部门制定。

第十三条 【营利性医疗机构和非营利性医疗机构的变更】

营利性医疗机构可以申请变更为非营利性医疗机构。非营利性医疗机构变更为营利性医疗机构的，应当经原登记机关审查批准，并依法补缴税款后，方可办理变更登记。

【立法说明】

本条是关于营利性医疗机构和非营利性医疗机构变更的规定。

依据国务院办公厅批转国务院体改办等八部门《关于城镇医药卫生体制改革的指导意见》（国办发〔2000〕16号）以及原卫生部、中医药局、财政部、国家计委《关于城镇医疗机构分类管理的实施意见》（卫医发〔2000〕233号）有关规定，医疗机构经营性质应核定为营利性或非营利性。非营利性医疗机构，是指为社会公众利益服务而设立运营的医疗机构，不以营利为目的，其收入用于弥补医疗服务成本。营利性医疗机构，是指医疗服务所得收益可用于投资者经济回报的弥补医疗机构。《基本医疗卫生与健康促进法》仍然延续了该种分类，其第39条、第40条、第41条进一步明确了政府举办的医疗机构应当是非营利性质的，公立医疗机构与社会资本合作或者政府与社会资本合作，也只能举办非营利性医疗机构。社会资本举办医疗机构可自主选择经营性质，在执业登记时核定营利性或非营利性。

对于医疗机构经营性质的变更，由营利性转换为非营利性路径比较清晰，我国政策法律往往对此不作限制，甚至更多的是鼓励，所以本条前段规定营利性医疗机构可以申请变更为非营利性医疗机构，这一点并没有作过多实体上的限制，由营利性医疗机构自行决定并履行相应的程序即可，程序上应当由法规、规章进行规定，并不会对医疗行业产生不利影响。

而由非营利性变更为营利性医疗机构则比较模糊，目前只有原则性规定。在近十年所有鼓励社会办医的政策文件中，仅有《国务院办公厅转发发展改革委卫生部等部门关于进一步鼓励和引导社会资本举办医疗机构意见的通知》（国办发〔2010〕58号）中提到，社会资本举办的非营利性医疗机构原则上不得转变为营利性医疗机构，确需转变的，须经原审批部门批准并依法办理相关手续。过去民办非营利性医疗机构不得直接变更经营性质的，需要注销后再进行重新登记，但是这样规定就将涉及注销后的利益分配问题，往往会产生混乱现象。但在目前大力推进社会办医的背景下，过去的模式是不利于医疗机构和医疗行业发展的，所以本法明确规定了可以直接进行医疗机构经营性质变更，简化了注销后重新登记的不必要程序，即本条文后段规定非营利性医疗机构变更为营利性医疗机构的，应当经原登记机关审查批准，并依法补缴税款后，方可办理变更登记。但是具体实施细则还需要进一步讨论，法律提供了改革方向。同时由于非营利医疗机构具有更强的公益性，涉及公共利益，所以对非营利医疗机构变更为营利医疗机构进行一定限制也是必要的，确需变更的应当经原登记机关审查批准，具体规定还需要进一步细化。

第十四条【个体医疗机构设置人的条件】

设置个体医疗机构的法定代表人，必须同时具备下列条件：

（一）经医师执业技术考核合格，取得《医师执业证书》；

（二）取得《医师执业证书》或者医师职称后，从事五年以上同一专业的临床工作；

（三）个体医疗机构的名称应当使用法定代表人姓名；

（四）省、自治区、直辖市卫生健康主管部门规定的其他条件。

【立法说明】

本条是关于个体医疗机构设置人条件的规定。

现行法律法规中《医疗机构管理条例实施细则》具体规定了医疗机构设置人的条件，第12条规定了禁止条件；第13条规定了城乡个人设置诊所的条件，即"在城市设置诊所的个人，必须同时具备下列条件：（一）经医师执业技术考核合格，取得《医师执业证书》；（二）取得《医师执业证书》或者医师职称后，从事五年以上同一专业的临床工作；（三）省、自治区、直辖市卫生计生行政部门规定的其他条件。医师执业技术标准另行制定。在乡镇和村设置诊所的个人的条件，由省、自治区、直辖市卫生计生行政部门规定"；第14条规定了具体申请人，"地方各级人民政府设置医疗机构，由政府指定或者任命的拟设医疗机构的筹建负责人申请；法人或者其他组织设置医疗机构，由其代表人申请；个人设置医疗机构，由设置人申请；两人以上合伙设置医疗机构，由合伙人共同申请"。特别是第14条表明，地方政府、自然人、法人及其他组织都可以设置医疗机构。

个体医疗机构的设置应当符合一般医疗机构的设置条件，所以在这里不再另行规定。而个体医疗机构的设置人具有特殊性，因此有必要加以规定。本法通过两个条文规定了设置人条件，分别采取肯定式、否定式列举加抽象规定的方式，本条文采用了肯定式列举加抽象的方式规定个体医疗机构设置人的积极实体条件。需要注意的是，这些条件必须同时具备，即"设置个体医疗机构的法定代表人，必须同时具备下列条件"，其中，前三项是实体条件的肯定式列举规定，最后一项是抽象规定。具体而言：

第一项规定个人应当经医师执业技术考核合格，取得《医师执业证书》。

第二项规定取得《医师执业证书》或者医师职称后，从事五年以上同一专业的临床工作，这两项是对设置人本身资格的限制，即设置人需要取得医师执业资格证书并从事五年以上同一专业的临床工作，该同一专业是指设置人从事五年的专业应当与将要设置的个体医疗机构属于同一专业。这五年是否需要连续的五年，这一点法律没有进行过多限制，只要求五年以上（包括五年）。

第三项规定的是个体医疗机构的名称应当使用法定代表人姓名，这也是体现"个体"医疗机构的外部特征，通过这样的规定使得个体医疗机构可以明示自己的性质，有利于社会公众对此进行识别，方便民众作出选择，也有利于主管部门的监管。

第四项为省、自治区、直辖市卫生健康主管部门规定的其他条件，这里赋予地方较大自主决定权，主要出于我国幅员辽阔、不同省份实际情况存在较大差异的考虑，简单统一由国务院卫生健康主管部门采取"一刀切"的办法规定并不符合我国实际，也并不利于个体医疗机构的发展。

还需要注意的是，随着我国经济社会的发展，医疗机构改革深入推进，应当进一步强化医疗行业的自律管理，简化法律规定的实体和程序设置条件，建设现代化医疗机构管理体制，所以对个体医疗机构设置人条件不宜规定过细，为医疗行业自律留出充分的空间，要求省、自治区、直辖市卫生健康主管部门规定其他条件时务必谨慎，避免过分限制。

第十五条 【个体医疗机构设置人的禁止情形】

有下列情形之一的，不得申请设置个体医疗机构，不得担任医疗机构的法定代表人或者主要负责人：

（一）正在服刑或者不具有完全民事行为能力的医务人员；

（二）发生二级以上医疗事故未满五年的医务人员；

（三）因违反有关法律、法规和规章，已被吊销执业证书的医务人员；

（四）被吊销《医疗机构执业许可证》的医疗机构法定代表人或者主要负责人；

（五）被纳入国家或地方失信记录的医务人员；

（六）省、自治区、直辖市卫生健康主管部门规定的其他情形。

【立法说明】

本条是关于个体医疗机构设置人禁止情形的规定。

本条与第 14 条共同构成了个体医疗机构设置人的实体条件，第 14 条为肯定式列举，从正面规定了设置人的积极条件。本条采取否定式列举加抽象的方式规定了消极条件，即个体医疗机构设置人禁止情形。

现行《医疗机构管理条例实施细则》具体规定了医疗机构设置人的条件，第12条规定了禁止条件，"有下列情形之一的，不得申请设置医疗机构：（一）不能独立承担民事责任的单位；（二）正在服刑或者不具有完全民事行为能力的个人；（三）发生二级以上医疗事故未满五年的医务人员；（四）因违反有关法律、法规和规章，已被吊销执业证书的医务人员；（五）被吊销《医疗机构执业许可证》的医疗机构法定代表人或者主要负责人；（六）省、自治区、直辖市政府卫生计生行政部门规定的其他情形。有前款第（二）、（三）、（四）、（五）项所列情形之一者，不得充任医疗机构的法定代表人或者主要负责人"。第13条规定了城乡个人设置诊所的积极条件，前文已述。

本条规定主要来自上述规定，随着医疗机构改革的深化以及市场经济的发展，社会办医将越来越常见，需要对个体医疗机构设置人的条件进行规定，作为医疗机构的事前监管具有重要意义，特别是禁止条件因为涉及对公民自由和权利的限制，有必要通过医事法在法律的层面予以规定。具体包含以下内容：

第一项至第四项内容是对《医疗机构管理条例实施细则》第12条关于医疗机构设置人禁止条件规定的继受，由于个体医疗机构属于医疗机构，因此关于个体医疗机构设置人条件的限制也应当适用本条规定，在过去的实践中该条文并未引起过多争议，所以在本法中予以保留，同时将信用制度引用其中对该条文进行完善，即第五项规定。

第五项是现行行政法规没有规定的内容，即"被纳入国家或地方失信记录的医务人员不得设立个体医疗机构"。在社会信用体系建设的大背景下，随着国家信用体系的不断完善，使本条文的规定和实施成为可能。失信被执行人制度自2013年建立以来，逐步实现了工商、金融、公安等部门的信息共享，并通过一系列配套制度，在对失信被执行人的联合惩戒、督促失信被执行人履行义务等方面发挥越来越重要的作用。医疗领域市场的发展越来越重视诚信的意义，《基本医疗卫生与健康促进法》第93条规定，"县级以上人民政府卫生健康主管部门、医疗保障主管部门应当建立医疗卫生机构、人员等信用记录制度,纳入全国信用信息共享平台,按照国家规定实施联合惩戒"。如果医务人员被纳入国家或地方失信记录,则说明该失信行为的严重性,应当按照有关法规、司法解释规定承担相应的后果,包括从政府采购、招标投标、行政审批、政府扶持、融资信贷、市场准入、资质认定等方面对失信被执行人予以信用惩戒。对于医疗机构及其医务人员来说,高尚的医德是必备的要求,诚信又是医德的核心价值。根据本条规定,个体医疗机构设置人首先应当是医师,理应遵守诚信要求。本条规定符合现有对失信人惩戒的要求的,是对失信惩戒制度的具体落实,对保障患者安全、身体健康、预防医疗市场乱象、避免医疗安全事件的发生具有重要意义。

第六项属于抽象规定,与第 14 条最后一项规定的内容和目的基本相同,故不赘述。

第十六条【联合诊所与医生集团的设置审批】

二家以上医疗机构可以于同一场所设置为联合诊所,使用共同设施,分别执行门诊业务。应当报所在地县级人民政府卫生健康主管部门备案,跨行政区域设置联合诊所的应当报共同上级卫生健康主管部门备案,跨省级行政区域经营的由所在省、自治区、直辖市卫生健康主管部门分别备案。

三名以上医生可以成立合伙制医生集团开展诊疗活动,经注册登记后方可执业。医生集团与联合诊所的具体管理办法由国务院卫生健康主管部门制定。

【立法说明】

本条是关于联合诊所与医生集团设置审批的规定。

本条包括两款,主要规定了两方面内容:

第 1 款规定的是联合诊所的设置问题,依据 2019 年国家卫生健康委、国家发展改革委、财政部、人力资源和社会保障部、国家医保局发布的《关于印发开展促进诊所发展试点意见的通知》（国卫医发〔2019〕39号），我国部分城市将开展联合诊所试点，简化准入程序，医疗机构设置规划对诊所不作限制，将诊所设置审批改为备案制管理，仅需报所在地县（区）级卫生健康主管部门备案，发放《医疗机构执业许可证》后，即可开展执业活动。跨行政区域经营的连锁化、集团化诊所由上一级卫生健康主管部门统一备案，跨省级行政区域经营的由所在省份卫生健康主管部门分别备案。各试点地方卫生健康主管部门在组建城市医疗集团和县域医共体过程中，可以根据诊所意愿，将其纳入医联体建设，支持诊所连锁化、集团化发展。

本条第1款主要依据上述通知要求，前段规定了联合诊所的基本规模和设置条件，即二家以上医疗机构可以于同一场所设置为联合诊所，使用共同设施，分别执行门诊业务。后段落实通知要求规定了备案制度，即联合诊所的设置应当报所在地县级人民政府卫生健康主管部门备案，跨行政区域设置联合诊所的应当报共同上级卫生健康主管部门备案，跨省级行政区域经营的由所在省、自治区、直辖市卫生健康主管部门分别备案。

第2款规定的是医生集团的设置问题，上述通知中还规定鼓励不同专科医师成立适宜规模的合伙制医生集团，举办专科医师联合诊所。鼓励社会力量举办连锁化、集团化诊所，形成规范化、标准化的管理和服务模式。因此对其进一步规定，三名以上医生可以成立合伙制医生集团开展诊疗活动，医生个人与医疗机构有一些不同，更容易产生不规范等问题，为了加强监管，特采取注册登记制，规定了医生集团经注册登记后方可执业。

综上，医事法结合我国实际对联合诊所采取备案制度，对医生集团采取注册登记制度，无论是联合诊所还是医生集团，在医事法中都不宜规定过细，具体管理办法应当由国务院卫生健康主管部门制定。

第十七条 【互联网医疗机构的设置审批】

设置互联网医疗机构必须依托实体医疗机构。

单位或个人申请设置医疗机构可以同时申请开展互联网诊疗活动;已经依法取得《医疗机构执业许可证》的医疗机构也可申请开展互联网诊疗活动。

互联网医疗机构和互联网诊疗涉及变更、校验、注销等事项的,参照实体医疗机构规定。互联网医疗机构的具体管理办法由国务院卫生健康主管部门制定。

【立法说明】

本条是关于互联网医疗机构设置审批的规定。

互联网医疗是互联网在医疗行业的新应用,其包括了以互联网为载体和技术手段的健康教育、医疗信息查询、电子健康档案、疾病风险评估、在线疾病咨询、电子处方、远程会诊、远程治疗和康复等多种形式的健康医疗服务。互联网医疗近年来发展迅速,作为载体的互联网医疗机构也应运而生,但其与一般医疗机构相比具有特殊性,主要体现在互联网的虚拟性,因此互联网医疗机构的设置审批应当专门规定,本法或者其他法律法规对此有特别规定的依据特别规定,没有规定的依据一般医疗机构设置审批规定。

2018年国家卫生健康委员会、国家中医药管理局发布了《互联网诊疗管理办法(试行)》《互联网医院管理办法(试行)》《远程医疗服务管理规范(试行)》3个文件,对互联网医疗相关问题进行规定。

1. 严格互联网医疗准入制度,对互联网医疗机构和互联网诊疗实行严格准入,纳入医疗机构设置审批和执业登记许可事项。互联网诊疗活动应当由取得《医疗机构执业许可证》的医疗机构提供。已经取得《医疗机构执业许可证》的医疗机构可申请开展互联网诊疗活动;新申请设置的医疗机构可同步提出开展互联网诊疗活动的申请。互联网医疗机构的举办必须依托实体医疗机构。同时,根据国家卫生健康委员会《关于进一步改革完善医疗机构、医师审批工作的通知》（国卫医发〔2018〕19号）有关规定，新举办的实体医疗机构适用设置审批与执业登记"两证合一"情形的，可直接在申请医疗机构执业登记时提交拟开展互联网诊疗活动或拟将"互联网医疗机构"作为第二名称的申请。互联网医疗机构的执业许可证有效期与所依托实体医疗机构执业许可证有效期一致。互联网医疗机构和互联网诊疗涉及变更、注销等事项的，参照实体医疗机构相关事项办理。互联网医疗机构的校验与其所依托的实体医疗机构校验同步进行。

2.审批权限，按照实体医疗机构的审批权限，由省、市、县三级卫生健康主管部门或中医药主管部门分别负责相关互联网医疗机构、互联网诊疗设置审批和执业登记等准入事项的办理。卫生健康主管部门受理申请后，依据相关法律法规和规章进行审查，在规定时间内作出批准或不批准的书面审查决定。在医疗机构设置审批和执业登记时，要在已有的审核事项规定基础上，要求计算机、互联网和信息安全相关领域专家严格审查，避免出现网络上的漏洞和安全隐患，影响互联网诊疗活动正常开展。

本条包括三款，是对上述文件规定内容的全面落实，具体而言：第1款规定了设置互联网医疗机构的基础和最基本要求，即设置互联网医疗机构必须依托实体医疗机构，考虑到互联网医疗的安全性，目前就单独设置虚拟的医疗机构条件并不成熟。第2款规定了两种设置互联网医疗机构的情形：其一，单位或个人申请设置医疗机构可以同时申请开展互联网诊疗活动；其二，已经依法取得《医疗机构执业许可证》的医疗机构也可申请开展互联网诊疗活动，但无论何种方式都需要主管机关严格审批。第3款规定了审批监管部门问题，即互联网医疗机构和互联网诊疗涉及变更、校验、注销等事项的，参照实体医疗机构规定。由于互联网医疗还处于快速发展时期，与法律的稳定性存在一定的矛盾，所以医事法规定过于具体必将影响其发展。因此，互联网医疗机构的具体管理办法由国务院卫生健康主管部门制定。

互联网医疗代表了医疗行业新的发展方向，有利于解决我国医疗资源分布不均衡和人们日益增加的健康医疗需求之间的矛盾，是卫生健康主管部门积极引导和支持的医疗发展模式，将其规定到医事法中体现了法律对新兴事物的敏锐触觉以及对互联网医疗的认可，具有重要意义。

> **第十八条【医疗机构的名称】**
> 医疗机构的名称必须名副其实，不得违背公序良俗，不得侵犯他人合法权益。医疗机构的名称使用、变更，应当由县级以上人民政府卫生健康主管部门审批。
> 非医疗机构，不得使用医疗机构或类似医疗机构的名称。

【立法说明】

本条是关于医疗机构名称的确定及变更问题的规定。

医疗机构的名称是医疗机构在执业过程中所使用的称谓，是设置医疗机构的必要条件之一。现行立法有关医疗机构名称问题主要规定在《医疗机构管理条例》中，其第四章专章规定了名称，就医疗机构名称的选择、审批、管理作了比较详尽的规定。2018年国家卫生健康委员会、国家中医药管理局出台《关于进一步改革完善医疗机构、医师审批工作的通知》，就营利性医疗机构命名问题进行规定，通知要求营利性医疗机构的名称应当符合企业、个体工商户名称登记和医疗机构命名的有关规定。卫生健康主管部门应当加强与市场监管部门的沟通衔接，根据工作需要及时向市场监管部门提供有关营利性医疗机构的名称信息。卫生健康主管部门应当根据营利性医疗机构的申请，出具其医疗机构名称信息的证明材料，为营利性医疗机构正常执业运营提供便利。上述通知主要是针对营利性医疗机构名称的管理，医事法对此并未作区分规定。本条对《医疗机构管理条例》中应当规定在医事法中的重要问题进行提炼和总结形成两款条文，具体而言，主要包括以下内容：

第1款前段为了尽可能保障公民在名称选择上的自由，特采取禁止性规定的方式，即医疗机构的名称必须名副其实，不得违背公序良俗，不得侵犯他人合法权益。目前我国公立医疗机构名称基本比较规范，而一些民办或者是规模较小的私人诊所名称使用比较混乱，实践中经常出现一些不太规范的医疗机构名称,其往往借以其他医院或科研机构头衔欺诈患者,或者有些医疗机构的名称采取含有"疑难病""专治""专家""名医"或者同类含义文字的名称,以及其他宣传或者暗示诊疗效果的名称误导患者,本条对于解决我国目前医疗市场的混乱现象是必要的,得到了大部分学者的支持。所谓名副其实包括两层含义:一是名称应当真实,医疗机构名称的选择必须与医疗机构的性质、规模、业务等相一致;二是名称应当单一具体,《医疗机构管理条例实施细则》第47条规定,医疗机构只能使用一个名称,确有需要的经核准可以使用两个或两个以上名称,但必须确定一个第一名称,而第一名称才可作为官方名称在印章、牌匾、文件中使用。所谓不得违背公序良俗,不得侵犯他人合法权益,与民法典中的规定一致。

第1款后段规定了涉及医疗机构名称问题的主管机关,即医疗机构的名称使用、变更应当由县级以上人民政府卫生健康主管部门审批,规定了医疗机构名称使用、变更、监管的职责,根据医院规模及等级的区别分别由县级以上人民政府卫生健康主管部门负责。这一点主要也是为了加强对名称的监管,应对现实中可能出现的各种情形,避免名称使用上的混乱,赋予卫生健康主管部门审批权,由其最终根据法律规范和实际情况作出决定。

第2款是对非医疗机构的限制,主要是保证医疗机构的可识别性,一方面避免名称相似而导致混淆,另一方面防止非医疗机构假借医疗机构名称扰乱正常的市场秩序、破坏医疗安全。为此特别规定,非医疗机构不得使用医疗机构或类似医疗机构的名称,这一条需要市场监督管理部门等非医疗机构登记主管部门的联合执行,《医疗机构管理条例》及《医疗机构管理条例实施细则》特别将医疗机构名称分为通用名称和识别名称,识别名称实际上就起到了防止混淆的功能。我国台湾地区"医疗法"也有类似规定,即第40条"非医疗法人,不得使用医疗法人或类似之名称";"医疗法实施细则"第9条对该问题也进行了规定,采取列举的方法对不同类型医疗机构该使用何种识别名称作了明确规定。

第十九条【著名医疗机构名称保护制度】

著名医疗机构名称是指在中国境内为相关公众广为知晓的医疗机构的名称,具体管理办法由国务院卫生健康主管部门制定。

未经著名医疗机构授权,其他医疗机构不得使用与其名称相同或相似的名称,也不得在与医疗卫生相关的领域使用相同或相似名称。

【立法说明】

本条是关于著名医疗机构名称保护制度的规定。

医疗机构作为法人享有名称权,是指医疗机构名称经依法登记而取得的专用权,具有排他性、可转让性等特征。著名医疗机构名称是对名称专用权的特殊保护,著名名称代表着该医疗机构的信誉和医疗服务质量水平,与驰名商标相似具有一定的经济和社会价值,但著名医疗机构名称的形成绝非一日之功,而是需要长期的积累。因此,著名医疗机构名称的保护价值与一般医疗机构名称的保护价值应当有所不同。在现有法律保护的框架内,应当建立对著名医疗机构名称的特别保护机制,强化对著名医疗机构的保护。

《企业名称登记管理规定》中涉及对企业名称保护、名称专用权的问题,第4条规定,企业只能登记一个企业名称,企业名称受法律保护。第17条规定,在同一企业登记机关,申请人拟定的企业名称中的字号不得与下列同行业或者不使用行业、经营特点表述的企业名称中的字号相同:(1)已经登记或者在保留期内的企业名称,有投资关系的除外;(2)已经注销或者变更登记未满1年的原企业名称,有投资关系或者受让企业名称的除外;(3)被撤销设立登记或者被撤销变更登记未满1年的原企业名称,有投资关系的除外。第21条规定,企业认为其他企业名称侵犯本企业名称合法权益的,可以向人民法院起诉或者请求为涉嫌侵权企业办理登记的企业登记机关处理。

可见,目前我国没有对著名医疗机构名称进行专门保护,而往往是通过商标法以及名称专用权相关规定进行保护,笔者认为医疗机构作为特殊主体对此仅通过商标法、名称专用权进行保护,保护力度是不够的,这里可参考

"驰名商标"有关规定对著名医疗机构进行特殊保护。

本条共两款，主要包括以下内容：

第1款主要规定了著名医疗机构名称的定义。所谓著名医疗机构名称，是指在中国境内为相关公众广为知晓的医疗机构名称。该定义与著名商标的定义基本保持一致。首先，所谓著名，即在中国境内广为知晓，由于知识产权保护具有地域性，所以只能限于中国境内。其次，所谓相关公众，是指参与医疗活动的相关公众，除了医务人员当然还应当包括但不限于患者及其家属等在内的公众。随着互联网技术的发展，任何人在任何地方都有机会也有可能了解到医疗机构的名称，因此相关公众这一概念的内涵也越来越广泛。最后，"广为知晓"这一词灵活性较大，如何判断有赖于主管机关或者法院在具体案件中个案判定，判断时可以参考：（1）相关公众对该名称的知晓程度；（2）该名称使用的持续时间；（3）该名称的任何宣传工作的持续时间、程度和地理范围；（4）该名称作为知名字号受保护的记录；（5）该医疗机构名称广为知晓的其他因素。该条款主要是宣示性规定，具体管理办法还应当由国务院卫生健康主管部门制定。

第2款是关于侵犯著名医疗机构名称情形的规定，同时也体现了名称权的可转让性。著名医疗机构名称保护相较一般名称权的保护扩大了保护的范围和保护程度。未经著名医疗机构授权，其他医疗机构不得使用与其名称相同或相似的名称，也不得在与医疗卫生相关的领域使用相同或相似名称。目前我国对于医疗机构名称的确定主要结合有关企业名称登记的要求，在登记主管机关辖区内不得与已登记注册的同行业企业名称相同或者近似。但对于著名名称保护应当将其扩大到中国境内，医疗机构名称在中国境内不得与已登记注册的著名医疗机构名称相同或者近似。本法所称的使用，是指将名称用于商品、商标、牌匾、各种文书或者包装上，或者将名称用于广告宣传、展览以及其他活动中，用于识别医疗机构的行为。本法所称相似，是指无须完全相同，仅需容易使相关公众产生对该名称混淆，从而存在误导其的可能即可，读法相似足以使公众混淆也不可以接受。本法所称医疗卫生相关领域，是指与提供医疗服务相关的领域，如药品、医疗器械、化妆品、食品等领域。

除此之外，应当建立更加完备的著名医疗机构名称审查机制，如建立专门的著名医疗机构名称审查委员会负责该项工作、在登记时对于与著名医疗机构名称相同或相似的登记申请予以驳回，当产生纠纷时建立有效的纠纷解决机制。

> **第二十条 【公立医疗机构理事会】**
>
> 公立医疗机构应当设立理事会，实行理事会领导下的院长负责制。有条件的其他医疗机构也可以设立理事会。

【立法说明】

本条是关于公立医疗机构理事会的规定。

按照国务院办公厅《关于建立现代医院管理制度的指导意见》（国办发〔2017〕67号）要求，对于资产多元化、实行托管的公立医院以及医疗联合体等可在医院层面成立理事会。推动公立医院管理模式和运行方式转变，建立理事会、管理层、监事会"三位一体"组织架构，健全决策、执行、监督相互协调、相互制衡的运行机制，切实增强公立医院内生动力和发展活力。

理事会是公立医院的决策机构（有社会力量参与出资的医院建立董事会），由举办单位、主管部门、会计事务所、律师事务所等各方面的代表人士组成的理事会，主要职责是：拟定和修订医院章程，拟定医院发展规划、薪酬待遇、劳动用工、人事管理、科研计划等重要事项；拟订医院重大业务活动计划；审定医院内设机构或分支机构设置方案，以及医院内部主要管理制度；审议医院财务预算和决算；聘任院长及医院管理层其他人员；制定院长任期目标和医院管理层其他人员考核评价办法、薪酬管理办法；审议管理层工作报告；编写和发布医院年度报告；决定医院其他重大事项。管理层是理事会的执行机构，对理事会负责，定期向理事会报告工作。管理层由院长、副院长、总会计师等组成，实行聘任制。监事会是公立医院内部监督机构，监督医院财产和人员。

本条实际上涉及两项制度，一是公立医疗机构理事会；二是院长负责制。随着公立医疗机构改革的深入，医疗机构理事会如雨后春笋般在全国建立，理事会的成立仅仅是法人治理结构改革的一个标志，是建立现代医院管理制度的第一步。对于公立医疗机构应当设立理事会，在理事会与院长的关系上，根据本法第22条规定，院长由理事会聘任，实行理事会领导下的院长负责制。对于公立医疗机构以外的其他医疗机构，由于规模大小、资金投入等会导致管理方式的不同，所以鼓励其他医疗机构有条件的可以设立理事会，不做强制要求。

理事会领导下的院长负责制与党委领导下的院长负责制之间的关系，实际上两者并不冲突，理事会作为公立医院的决策机构，负责医疗机构日常运营。而党委领导下的院长负责制与此不同，其内涵是医疗机构党委通过把方向、管大局、作决策、促改革、抓落实等方法发挥领导作用，建立党委集体领导和书记院长个人分工负责相结合的制度，通过加强医疗机构领导班子、干部队伍和人才队伍建设，实现对全体职工的管理。同时把党支部建设成为坚强战斗堡垒，加强对党员的直接教育、管理、监督，做好组织、宣传、凝聚、服务群众的工作。还要把抓好思想政治工作和医德医风建设作为医疗机构党组织重要任务，建立党委主导、院长负责、党务行政工作机构齐抓共管的工作机制。因此，两者并不冲突，而是相互协同。

第二十一条【公立医疗机构管理专家咨询委员会】

县级以上人民政府卫生健康主管部门应当设立公立医院管理专家咨询委员会，就加强医疗服务、医院管理等问题提供意见。

医疗机构管理专家咨询委员会由管理、财务、医疗、教育、伦理和法律等有关专家组成。管理专家咨询委员会成员由县级以上地方人民政府卫生健康主管部门聘任。

【立法说明】

本条是关于公立医疗机构管理专家咨询委员会的规定。

第二章 医疗机构

本条由两款组成，第1款规定了县级以上人民政府卫生健康主管部门应当设立公立医院管理专家咨询委员会，并简单列举了几项职责。该制度是近年来医疗改革进一步深化取得的成果，目前各地纷纷建立了公立医疗机构专家咨询管理委员会，有的地方简称为公立医院管理委员会，基本上设置在县级以上人民政府卫生健康主管部门中，履行相应的工作职能。公立医院管理委员会主要职责：在各级政府办医主体责任不变、相关部门履职不变、医院法人地位不变的前提下，对各级医院的办医方向、规模设置、发展规划、政府投入、财务运行及费用控制等进行指导监督；对医院内部管理和业务运行状况及行业作风进行绩效评价和考核；按分级管理权限对院长实行任期目标责任制和聘任制，并提出任用建议；对医改政策及行业和部门法律法规政策执行情况进行指导监管。具体职责为：（1）负责推进公立医院管理体制、运行机制改革和现代医院管理制度建设；（2）全面落实公立医院编制、人事薪酬制度改革相关政策措施，对所辖公立医院院长选聘进行全程监督并拥有决策建议权，同时有权对聘用合同进行审查；（3）指导监督所辖公立医院规模设置、发展规划、政府投入、财务运行及费用控制等经济发展事项；（4）审定所辖公立医院基本建设项目、资产核销和处置等事项；（5）监督检查或责成成员单位及有关单位履行职责，为医院履行公共服务职能提供保障；（6）对所辖各级医疗机构有关重大决策、重要干部任免、重大项目投资、大额资金使用等事项进行监管；（7）完成本级政府交办的其他事项。

第2款规定的是组成人员和聘任制度。医疗机构管理专家咨询委员会由医院管理、医学教育、医技护理、法律和财务等有关专家组成，由于该机构职能在于管理公立医疗机构，并提出专业的建设性意见，所以其组成人员应当全面，覆盖医院管理、医疗技术、法律、财务等各方面专家人才。同时，本条中提到的各领域专家都应当存在，由于各地各级政府实际情况不同，对于专家的职称和级别要求由聘任机关决定，但应当公示接受社会监督。公立医疗机构管理专家咨询委员会成员由县级以上地方人民政府卫生健康主管部门聘任，其办事机构也应当设立在卫生健康主管部门之下，受本级政府领导。

我国台湾地区"医疗法"第29条也规定了具有类似功能的制度，"公立医院得邀请当地社会人士组成营运咨询委员会，就加强地区医疗服务，提供意见"，称为营运资询委员会。不同的是，该机构是设置在公立医院中，但是相关制度经验可以为我们建立公立医疗机构管理专家咨询委员会所借鉴。

第二十二条【公立医疗机构院长聘任制度】

公立医疗机构的院长由理事会聘任，按照理事会决议开展工作。

【立法说明】

本条是关于公立医疗机构院长聘任制度的规定。

2018年6月，中共中央办公厅印发《关于加强公立医院党的建设工作的意见》，规定公立医院实行党委领导下的院长负责制，健全院长选拔任用制度，鼓励实行院长聘任制，突出专业化管理能力，推进职业化建设。开展公立医院"去行政化"的改革试点，取消公立医院的行政级别。

有关理事会及院长负责制问题在第20条已经做过说明，这里需要明确在该制度下院长主要职责：(1)主持医院医疗、教学、科研等各项业务工作；(2)组织实施医院发展规划、年度工作计划等日常业务管理；(3)负责医院人事、财务、资产等日常管理；(4)定期向理事会报告工作；(5)承担法律法规和医院章程规定的其他职责。可见，院长负责制下院长将担负起重要的职责，因此院长如何产生至关重要，本条文用一句话确立了院长聘任制度，即公立医疗机构的院长由理事会聘任，按照理事会决议开展工作。

建立适应医疗卫生健康事业发展的院长选聘机制，推行公立医疗机构院长由医疗机构理事会聘任制度。有条件的地区可探索实行院长年薪制和任期目标责任制，切断医疗机构院长与医疗机构的利益联系，逐步取消公立医疗机构行政级别，落实公立医疗机构人事管理、内部分配、运营管理等自主权。健全院长选拔任用制度，探索实行院长聘任制，突出专业化管理能力，推进职业化建设。大部分城市公立医疗机构已经在试行"院长聘任制"，并取得良好效果。

第二十三条 【公立医疗机构总会计师聘任制度】

公立医疗机构应当依照法律、行政法规和国务院部门的规定建立本医疗机构的总会计师制度。

总会计师组织领导本医疗机构的财务管理、成本管理、预算管理、会计核算和会计监督等方面的工作,参与本医疗机构重要经济问题的分析和决策,执行国家有关财经法律、法规、方针、政策和制度,保护国家财产。

总会计师的职权受国家法律保护,医疗机构负责人应当支持并保障总会计师依法行使职权。医疗机构总会计师的设置、职权、任免和奖惩,依照有关规定执行。

【立法说明】

本条是关于公立医疗机构总会计师聘任制度的规定。

目前我国总会计制度主要规定在《会计法》《总会计师条例》《医院财务制度》等法律法规中,对于医疗机构建立总会计师制度,2017年,国家卫生计生委、财政部、国家中医药管理局《关于加快推进三级公立医院建立总会计师制度的意见》(国卫财务发〔2017〕31号)对三级公立医院建立总会计师制度作了具体规定。三级公立医院建立总会计师制度是提高医疗机构经营管理活动规范化的重要制度,有利于强化医疗机构内部控制、提高管理效益。2017年,中共中央组织部、国家卫生计生委出台《关于印发公立医院领导人员管理暂行办法的通知》(中组发〔2017〕5号)等文件对推进公立医院建立统一规范的总会计师制度提出具体要求。为实现医疗机构管理体系现代化,深化医药卫生体制改革,促进医疗卫生健康事业发展,建立完善的公立医院总会计师制度,保障总会计师依法行使职权,充分发挥总会计师在公立医疗机构经营管理中的主导作用。

本条共三款,第1款对公立医疗机构提出要求,即应当依照法律、行政法规和国务院部门的规定建立本医疗机构的总会计师制度。该条款是强制性规定，凡公立医疗机构必须建立总会计师制度。

第2款主要规定公立医疗机构总会计师的职责，首先应当明确总会计师是医院领导成员，应当具体落实总会计师职责，保障总会计师参与公立医疗机构重要经济事项分析、决策，充分发挥总会计师专业优势，提高公立医疗机构经营管理的效能。医疗机构总会计师的职责主要包括：（1）组织领导本医疗机构的财务管理、成本管理、预算管理、会计核算和会计监督等方面的工作；（2）协助院长管理医院经济和运营工作；（3）对院长负责并承担相应的领导和管理责任；（4）参与本医疗机构重要经济问题的分析和决策；（5）依据国家法律法规组织领导医院的经济管理和会计核算工作，参与医院重大财务、经济事项的决策并对执行情况进行监督；（6）执行国家有关财经法律、法规、方针、政策和制度；（7）保护国家财产免受不法侵犯。

第3款主要是对总会计师行使职权的保护，一方面规定其职权受国家法律保护；另一方面规定医疗机构应当负担起保护总会计师独立履职，即医疗机构负责人应当支持并保障总会计师依法行使职权。医事法对有关具体内容不宜规定过细，因此，医疗机构总会计师的设置、职权、任免和奖惩等具体内容，依照上文提到的现行有关规定执行，涉及医疗机构总会计师特殊问题，必要时由法律法规另行规定。

第二十四条【医疗机构总药师聘任制度】

医疗机构应当依照法律、行政法规和国务院部门的规定建立总药师制度。总药师由医疗机构理事会聘任。

【立法说明】

本条是关于医疗机构总药师聘任制度的规定。

药品是医院运营管理的第一大成本，随着医药分离改革，公立医院取消药品加成，医疗机构中的药品实行零差率销售，药事管理迫切需要从改革前以保障医疗、增加收入为导向转变为以保障医疗、降低费用为导向，依据医疗机构的实际需要调整药品结构，制定更加合理的药品采购预算，控制药品采购支出，降低医院运营成本，努力在保障医疗服务水平的前提下，为医疗机构增加收入、降低费用。特别是随着国家医保制度的改革，有关药品问题在医疗机构中的地位也发生了重大变化，过去几十年建立起来的针对药事管理"以药品为中心"的医院规划与运行机制建设、药事管理体系、药学服务模式、药学人员队伍结构等，都迫切需要改革。因此，负责药品供应、保障、药学服务及处方审核调剂的药师需要更加权威、专业的管理制度。在这样的背景下，迫切需要建立总药师聘任制度，该制度此前已经在部分地区进行试点，并取得较好效果。

2012年北京朝阳医院在全国率先建立起该制度，聘任总药师，负责医院药事管理工作，促进药事管理的专业化和权威化，将全院合理用药管理工作划归给药事部，药学部门的绩效实现与合理用药挂钩。在总药师负责下，建立健全合理用药管理制度，规范优化医生用药行为；同时针对医院、药学部门、药师分别建立科学的合理用药绩效考核体系，积极探索医院药学转型发展。在北京朝阳医院的深入实践和积极推动下，总药师工作模式已在陕西、山东、新疆等多个省份的多家医院试点，全国首个总药师制度专家共识也于2018年发布，对总药师的定义、岗位职责、任职资格及任职目标等做出了清晰的阐释。专家共识明确了总药师任职目标，包括推动医院经营管理科学化、推动科室管理专业化、推动合理用药管理精益化等，这也是建立现代医院管理制度的应有之义。

同时，从医学发展角度来说，药学已经成为医疗服务中不可或缺的重要学科，药师不仅是医院合理用药的监管者，更要成为合理用药、精准用药的倡导者、引领者。实施总药师制度是促进临床合理用药、提高医疗质量和管理创新的重要前提。与传统药剂科以药品供应保障、提供技术服务为中心的技术科室定位不同，总药师制度下的药学部门，是以医院运行管理、药事管理为中心的职能科室。2018年5月，山东省青岛市印发《公立医院设立总药师实施方案（试行）》，决定试点医院设立总药师，运行一年来取得了良好的效果。2019年4月，湖北省试点建立总药师制度，设立总药师1名，按照职责范围开展工作。各市（州）卫生健康主管部门在本区域医疗机构中遴选优秀药学人才，成立区域总药师委员会，试点区域总药师制度。2018年12月，国家卫生健康委、国家发展改革委、国家医保局等六部门联合印发《关于开展建立健全现代医院管理制度试点的通知》，将推进药品、耗材合理使用作为其中的重点任务，实际上迫切需要建立总药师制度。经过几年来部分地区试点探索，总药师制度初具规模，可以通过法律将该制度固定下来。

所谓总药师制度，是指负责医疗机构药品管理、药事部门的主要负责人发挥其专业优势，通过审核处方、参与临床查房、制订重大疾病治疗方案等方式负责整个医疗机构的临床合理用药工作的制度。本条对医疗机构提出要求，应当依照法律、行政法规和国务院部门的规定建立总药师制度，具体实施细则有赖于行政法规、部门规章等法律规范的完善。同时，该条还进一步规定，总药师由医疗机构理事会聘任，这是建立现代医疗机构管理体制的应有之义。

第二十五条【公立医疗机构法律顾问制度】

二级以上医疗机构应当聘请法律顾问，并与其执业的律师事务所签订法律服务合同，明确双方权利义务及违反合同所应承担的违约责任。

二级以上医疗机构讨论、决定重大事项，起草、论证有关规章制度，订立有关经济合同，应当请法律顾问参加并听取其法律意见；涉及本单位诉讼、仲裁等法律事务应当请法律顾问参与处理；依照有关规定应当听取法律顾问的法律意见而未听取的事项，或者法律顾问认为不合法不合规的事项，不得提交讨论、作出决定。

二级以上医疗机构要为法律顾问开展工作提供便利条件，保障受聘法律顾问在履行职责中独立发表意见、不受任何单位或者个人的干涉以及获得与履行职责相关的信息资料等权利。

【立法说明】

本条是关于公立医疗机构法律顾问制度的规定。

近年来，医疗机构频频发生各种法律纠纷，如某些医院就曾陷入"融资租赁合同纠纷"面临被追债的风险，这些现实问题反映了加强医院法治建设的重要性和紧迫性。医疗机构作为独立承担法律责任的法人主体，应当增强法律意识，设立内部法律部门或者聘请外部专业法律顾问，以规避医疗机构运营管理和提供医疗服务中的法律纠纷，有效防范相应的法律风险，使医疗机构法治建设与深化医药卫生体制改革、推进国家治理体系和治理能力现代化相结合，将法治建设融入医疗卫生事业的全过程。

为加强医疗卫生事业单位法治建设，2016年，中共中央办公厅、国务院办公厅就曾印发《关于推行法律顾问制度和公职律师公司律师制度的意见》，其中明确提出"县级以上地方各级党委和政府以及教育、卫生等行政主管部门要加强指导、分类施策、重点推进、鼓励探索，有步骤地推进事业单位法律顾问制度建设"。目前，医疗卫生体制改革不断深入，改革的各领域、各环节都要在法治轨道上有序推进。加强法治建设，是医疗机构适应改革的基本要求，不断提高医疗机构依法经营管理、依法决策的水平，增强防范风险的能力，充分发挥法治的引领、保障和基础性作用。2019年12月26日，国家卫生健康委员会办公厅进一步发布了《关于进一步加强医疗卫生事业单位法治建设的通知（试行）》（以下简称《通知》）。在切实加强公立医院法治建设方面，《通知》指出，三级公立医院原则上应当明确特定部门承担法治工作，并根据医院规模和工作量配备适量的具有法律专业知识和能力的专职工作人员。医联体、医共体及规模较小的医疗卫生事业单位，也可以多家机构联合聘请执业律师或律师事务所作为法律顾问。该通知明确对公立医疗机构设立法律部门或聘任法律顾问提出了明确的要求，因此有必要规定在医事法中。

本条共三款，第1款规定二级以上医疗机构应当聘请法律顾问，并与其执业的律师事务所签订法律服务合同，明确双方权利义务及违反合同所应承担的违约责任。这里规定二级以上医疗机构，考虑到部分医疗机构规模较小没有实力聘请法律顾问，但是二级以上医疗机构有足够的规模，面临的法律风险也是较大的，所以应当聘请法律顾问。法律顾问应当熟悉卫生健康法律法规、实践经验丰富、理论基础扎实、遵纪守法，并具有相应资质，按照约定或合同明确的职责和范围提供法律服务。

第2款规定的是医疗机构在面临法律问题时应当履行的听取法律顾问法律意见的义务，以及法律顾问的职责，即什么情况下二级以上医疗机构需要听取法律顾问的意见，法律列举了以下两种情形，但是现实中并不限于此：其一，医疗机构在日常经营管理活动中涉及法律问题时，即讨论、决定重大事项，起草、论证有关规章制度，订立有关经济合同，应当请法律顾问参加并听取其法律意见；其二，医疗机构涉诉时，涉及本单位诉讼、仲裁等法律事务应当请法律顾问参与处理。此外，本条还规定了不履行该义务的后果，即依照有关规定应当听取法律顾问的法律意见而未听取的事项，或者法律顾问认为不合法不合规的事项，不得提交讨论、作出决定。

第3款规定的是法律顾问的权利以及开展有关工作应当获得的保障，即二级以上医疗机构要为法律顾问开展工作提供便利条件，保障受聘法律顾问在履行职责中独立发表意见、不受任何单位或者个人的干涉以及获得与履行职责相关的信息资料等权利。该款规定的目的在于保障法律顾问依法独立履行职责，畅通法律顾问履职渠道，有效发挥作用，避免其他无关因素对正常法律顾问工作造成不利影响，为法律顾问开展工作提供便利、创造条件。

第二十六条【公立医疗机构融资担保制度】

> 公立医疗机构不得直接采取融资担保方式筹集资金，只能向主管政府部门提出筹集资金的要求。

【立法说明】

本条是关于公立医疗机构融资担保制度的规定。

融资担保，是随着商业信用、金融信用的发展需要和担保对象的融资需求而产生的一种信用中介行为。信用担保机构通过介入包括银行在内的金融机构、企业或个人这些资金出借方与主要为企业和个人的资金需求方之间，作为第三方保证人为债务方向债权方提供信用担保——担保债务方履行合同或其他类资金约定的责任和义务。

公立医疗机构是我国重要公益性事业单位法人,持续有效的资金来源是保证是其经营发展的前提。2014年国务院《关于促进健康服务业发展的若干意见》明确提出,鼓励金融机构按照风险可控、商业可持续原则加大对健康服务业的支持力度,创新适合健康服务业特点的金融产品和服务方式,扩大业务规模。引导和鼓励融资性担保机构等支持健康服务业发展,将健康服务业纳入服务业发展引导资金支持范围并加大支持力度。《"健康中国2030"规划纲要》再次强调,充分调动社会组织、企业等的积极性,形成多元筹资格局。鼓励金融等机构创新产品和服务,完善扶持措施。大力发展慈善事业,鼓励社会和个人捐赠与互助。

相比其他国家,美国发行有价证券成为最常用的市场融资方式,美国公益性医院自身基础建设费用绝大部分来自免税债券的发行,而日常经营的费用则主要来自医疗业务收入。此外,很多国家和地区已进行探索并积极推进卫生投融资的改革,如新加坡组建医院集团、日本引入举债机制、英国实施私人筹资行为、我国香港特区探索公立医院企业化改革。

目前,医疗机构融资分为内部融资和外部融资。内部融资包括财政投入、医疗服务收入、部分沉淀资金等,不像债务融资那样需要支付利息,也不像股权融资那样面临控制权分散的风险,但医院内部融资能力往往有限,融资规模不会很大,很难满足医院发展所必需的资金,只能作为医院筹集资金时的一种补充融资方式。外部融资是医院的主要筹资渠道,是能够真正解决医院资金需求的方式,包括银行贷款、商业信用、政府贴息贷款、外国政府贷款、融资租赁、慈善捐赠等。其中,融资租赁具有融资成本低、难度低、风险低的特点。

融资租赁,是指出租方将资产租赁给医院,由医院分期支付租赁费,出租方靠收取固定利息获利。融资租赁业务在医疗行业中非常盛行,但也存在巨大政策风险。其本质是一种贷款融资行为,国家相关政策文件均明确要求公立医疗机构不得贷款购置医疗设备。融资担保公司融资也是医疗机构融资的一个很好选择。由于国家规定医院资产无法直接抵押进行融资,所以融资担保公司的介入可以帮助医院间接完成抵押贷款。但是期间风险也是非常大的,特别是对于公立医疗机构,因此有必要在医事法中对融资担保进行限制。

本条规定公立医疗机构不得直接采取融资担保方式筹集资金,只能向主管政府部门提出筹集资金的要求。当然,该制度的有效实施需要其他制度的配合,具体筹集资金方式需要卫生健康主管部门、金融业监管部门等多部门协调推进,在医疗机构改革的背景下尽早建立符合我国现状的筹资方式。

第二十七条【公立医疗机构行政人员和医务人员年薪制度】

公立医疗机构行政人员和医务人员实行年薪制度,医务人员薪酬不得由医疗业务收入决定。具体薪酬由县级以上地方人民政府卫生健康主管部门与财政部门依据本地区经济发展水平具体规定。

【立法说明】

本条是关于公立医疗机构行政人员和医务人员年薪制度的规定。

随着医改的不断深入,公立医院改革作为新医改方案中的一个核心环节,建立体现医务人员劳动价值的薪酬制度,是公立医院改革的重点内容之一。2017年经国务院同意,人力资源和社会保障部、财政部、国家卫生计生委、国家中医药管理局《关于开展公立医院薪酬制度改革试点工作的指导意见》,在上海等11个综合医改试点省份各选择3个市(州、区),除西藏外的其他省各选择1个公立医院综合改革试点城市开展公立医院薪酬制度改革试点工作。在此之前,2012年三明市开始公立医院综合改革,在全国率先试行院长年薪制、让院长代表政府管理公立医院,率先试行医生(技师)年薪制、稳定医生(技师)队伍,堪称"三明医改经验",取得良好效果。

本条主要包含两层含义,前段主要借鉴各地医改中的有益经验,建立公立医疗机构行政人员和医务人员年薪制度,与本法其他规定相结合,全面推行以岗位管理制度、聘用制度和公开招聘制度为重点的人事管理制度，建立符合医疗行业自身特点的薪酬制度，建立工资总额核定制度，出台工资总额核定办法，院长、行政人员和医务人员实行年薪制度，在核定的绩效工资总量内，探索医务人员目标年薪制、协议工资制、项目工资制等灵活多样的分配办法，将医务人员工资收入与医疗服务技术水平、质量、数量、成本控制、病人满意度等考核结果挂钩，特别是医务人员不得与医疗业务收入挂钩，建立以岗位价值、风险、责任为中心的工资分配指导意见及动态监督调整机制，进一步体现医务人员的劳动价值，提升公立医院人员福利水平；同时，严禁给医务人员设定创收指标，严禁院长收入与医院的经济收入直接挂钩，严禁医务人员奖金、工资等收入与药品、耗材和大型医学检查等业务收入挂钩。

本条后段是关于具体薪酬标准的规定，该规定有利于切断医务人员与医疗机构的不当利益联系，年薪由同级财政全额负担，根据不同城市试点和经验，一般按照不超过本单位职工年平均收入水平的3倍左右核定，具体薪酬由县级以上地方人民政府卫生健康主管部门与财政部门依据本地区经济发展水平具体规定，充分考虑医务人员工作价值、本地区生活成本、平均薪资水平等因素合理确定。

医疗专业人才培养具有周期长、技术水平高、风险责任重等特点，建立符合医疗行业特点、体现以知识价值为导向的公立医疗机构薪酬制度，是深化医药卫生体制改革的重要内容，对确立公立医疗机构激励导向和增强公立医疗机构公益性，调动医务人员的积极性、主动性、创造性，推进公立医疗机构综合改革，加快建立现代医疗机构管理制度，都具有重要意义。

《基本医疗卫生与健康促进法》在第55条中也规定了相关内容，"国家建立健全符合医疗卫生行业特点的人事、薪酬、奖励制度，体现医疗卫生人员职业特点和技术劳动价值。对从事传染病防治、放射医学和精神卫生工作以及其他在特殊岗位工作的医疗卫生人员，应当按照国家规定给予适当的津贴。津贴标准应当定期调整"。

第二十八条 【医务人员最高工作强度制度】

为保障医疗服务质量和医务人员的身体健康，医务人员实行最高工作强度制度，每日工作时间不得超过八小时、平均每周工作时间不超过四十四小时。医务人员因需要延长工作时间应当经院长书面批准或者事后备案。

【立法说明】

本条是关于医务人员最高工作强度制度的规定。

近年来，越来越多的医务人员因工作强度大等原因倒在工作岗位上，令人敬畏的同时也使我们感到心酸，但需要注意的是，过度加班并不是值得鼓励的，虽然我国目前医疗资源较为缺乏，特别是医务人员的不足常常使其超负荷工作。推进落实分级诊疗制度，减轻医务人员工作负担，亟待建立医务人员最高工作强度制度。在医事法中规定该制度，一方面有利于保障医务人员身体健康、家庭幸福；另一方面有助于提高医疗服务质量和水平，更好发挥我国医务人员的内在价值，也是患者至上原则的体现，因此有必要建立最高工作强度制度。

本条包含两方面内容：一是对医务人员工作时间进行了一定的限制，这里主要依据目前实际情况及《劳动法》第36条"国家实行劳动者每日工作时间不超过八小时、平均每周工作时间不超过四十四小时的工时制度"规定。由此规定医务人员实行最高工作强度制度，每日工作时间不得超过8小时、平均每周工作时间不超过44小时，保障医务人员休息时间。二是考虑到医疗活动及医务人员工作的特殊性，有时候手术诊疗比较复杂，不能在上述时间内完成或者遇到紧急情况，因此这里为其预留了空间，即不能在预定工作时间内完成或者确实需要延长工作时间的，应当经院长书面批准或者事后备案。这里赋予院长对该事项的决定权，因情况紧急确实无法获得批准的应当事后备案，该规定的目的在于利用有记录可查的手段推动最高工作强度制度的实施，从而为医务人员营造相对宽松的工作时间。

最后该制度的实施不能仅仅依靠本制度对医务人员工作时间的限制，还应当注意避免医疗产业的过度市场化，同时完善医疗机构管理制度和分级诊疗制度，只有内外环境的协调改善才能使该制度有效实现，从而提升医务人员的幸福感，这样也将促进和谐医患关系的构建。

> **第二十九条 【医疗机构信息公示内容】**
>
> 医疗机构应当将《医疗机构执业许可证》、诊疗科目、诊疗时间和收费标准等信息进行公示。县级以上人民政府卫生健康主管部门负责本辖区医疗机构信息公示工作，医疗机构登记、校验、变更、注销及基本信息等情况应当在规定的场所与规定的时间内予以公示。

【立法说明】

本条是关于医疗机构信息公示内容的规定。

医疗机构的登记具有重大意义，但登记绝不是孤立的法律行为，必须与公示制度相结合才能发挥其最大的效能。换言之，如果社会公众不能方便获知有关医疗机构的登记等信息内容，则建立医疗机构登记等法律制度所期待的价值功能便难以有效发挥。我国现行法律法规、规章建立了医疗机构信息公示制度，本条对其进一步明确，包括医疗机构自己公示的内容和卫生健康主管部门进行公示的内容，具体包括：

1.医疗机构应当将《医疗机构执业许可证》、诊疗科目、诊疗时间和收费标准等信息进行公示，主要指医疗机构应当将自己的有关信息置于公众可得知的地方，既可以是医疗机构服务场所，也可以是医疗机构建立的网站，明确医疗机构提供相应医疗服务的合法性，保障患者的合法权益，加强对医疗机构的监管。

2.县级以上人民政府卫生健康主管部门负责本辖区医疗机构信息公示工作，这里强调行政机关在信息公示制度中的监管责任，医疗机构登记、校验、变更、注销及基本信息等情况应当在规定的场所与规定的时间内予以公示。该条款明确了医疗机构信息公示的主管部门，由县级以上人民政府卫生健康主管部门负责，具体信息包括拟登记前公示、登记信息公示、校验信息、变更信息、注销信息及其他需要公示的基本信息等，特别是登记、变更、校验信息只有经过公示无异议后医疗机构才能进行相应的活动，如异议期内有人提出异议则需要进一步审核再作出决定。公示的场所由公示机关负责，包括但不限于公示机关办公地点、报纸、网络、微信公众号等场所，公示时间也设有关行政法规、规章、规范性文件具体规定，但一般应当不低于7个工作日。

值得注意的是，医疗机构信息公示制度应当与民法上的法人信息公示制度相衔接，《民法典》总结《公司法》《企业信息公示暂行条例》《企业法人登记管理条例》等已有的规定，概括式地在第66条规定了"登记机关应当依法及时公示法人登记的有关信息"，医疗机构作为法人的一种，应当依据民法典及公司法关于法人登记信息的规定进行公示。

第三十条 【医疗机构的电子病历标准】

医疗机构及其医务人员应当按照国务院卫生健康主管部门的规定，填写并妥善保管病历。推广电子病历制度，医疗机构可以以电子文件方式制作及贮存病历资料。医疗机构的电子病历标准及应用管理规范，由国务院卫生健康主管部门制定，任何单位和个人不得篡改、伪造、隐匿、毁灭或者抢夺病历。

【立法说明】

本条是关于医疗机构电子病历标准的规定。

病历是病人在医院诊断治疗全过程的原始记录，包括首页、病程记录、检查检验结果、医嘱、手术记录、护理记录等。电子病历不仅指静态病历信息，还包括提供的相关服务。电子病历是信息技术和网络技术在医疗领域的必然产物，是医院病历现代化管理的必然趋势，其在临床的初步应用，极大地提高了医院的工作效率和医疗质量。电子病历是医疗机构信息化系统建设的核心，具有重要意义。2017年为贯彻落实全国卫生与健康大会精神及深化医药卫生体制改革有关要求，规范电子病历临床使用与管理，促进电子病历有效共享，推进医疗机构信息化建设，国家卫生计生委、国家中医药管理局出台《电子病历应用管理规范（试行）》，具体规定了电子病历制度，其第3条规定，电子病历，是指医务人员在医疗活动过程中，使用信息系统生成的文字、符号、图表、图形、数字、影像等数字化信息，并能实现存储、管理、传输和重现的医疗记录，是病历的一种记录形式，包括门（急）诊病历和住院病历。电子病历可以更准确和清晰地输入数据和医嘱，减少医疗错误，避免信息丢失，能将病人的所有诊疗信息和检查结果整合在一起，易于共享，减少重复检查和病人等待的时间，可持续性地收集、整理和归类病人信息，为相关的临床和流行病学研究提供便捷，也便于病人查看自己的诊疗记录。推动建立电子病历系统，围绕提高医疗质量、保障医疗安全、提高医疗效率，在医疗机构内部建立支持电子病历信息的采集与存储、访问和在线帮助以及信息处理和智能化服务功能的计算机信息系统。

早在1999年，日本就已经允许电子病历作为正式的医疗文档，认可其法律地位；2005年，英国卫生部成立"NHS连接医疗"专门机构，推动在全国实现电子医疗记录、网上选择医疗机构和预约服务、电子处方等。2011年，美国政府发布了一份长达556页的草案规定，内容包括电子病历的规格和认证标准。我国台湾地区"医疗法"第69条规定了电子病历制度，医疗机构以电子文件方式制作及贮存之病历，得免另以书面方式制作；其资格条件与制作方式、内容及其他应遵行事项之办法，由主管机关具体规定。

本条共四层含义：首先，医疗机构及其医务人员应当按照国务院卫生健康主管部门的规定，填写并妥善保管病历。这是对过去已经存在的病历制度进行的强调；其次，法律鼓励应用电子病历，推广电子病历制度，医疗机构可以以电子文件方式制作及贮存病历资料；再次，医疗机构的电子病历标准及应用管理规范，由国务院卫生健康主管部门制定，目前主要依据2017年出台的《电子病历应用管理规范（试行）》对电子病历进行管理；最后，本法进一步强调，任何单位和个人不得篡改、伪造、隐匿、毁灭或者抢夺病历，保护电子病历的真实性、安全性、完整性。

在大数据时代，关于电子病历标准比较复杂，本法不宜过于详细规定，具体规范应当由国务院卫生健康主管部门制定，参照本法要求及其他如《中华人民共和国电子签名法》等法律法规制定电子病历标准，医疗机构应当按照该标准规范电子病历的填写、使用、管理等制度，推广使用电子病历，建设电子病历数据库，推进智慧医疗的建设和应用，建立动态更新的标准化电子健康档案和电子病历数据库，升级社区卫生服务信息平台硬件和软件，逐步实现居民基本健康信息和公共卫生、医疗服务、医疗保障等应用系统业务协同。

第三十一条【公立医疗机构信息化系统标准与诊疗数据权】

各级医疗机构信息化系统标准由国务院卫生健康主管部门统一制定并颁布。医疗机构信息化系统数据共享，提高医疗质量及效率。

患者在诊疗过程中产生的数据信息属于患者，经患者授权医疗机构可以向第三方提供所有数据信息。

【立法说明】

本条是关于公立医疗机构信息化系统标准与诊疗数据权的规定。

公立医疗机构信息化系统的建设，是医疗机构自身能力建设的重要措施之一，医院信息化建设水平的高低，既是决定医疗机构医疗技术水平的主要因素，又是影响医疗机构服务质量与效率的因素，更是衡量医疗机构现代化建设的主要标准。

2018年，为全面实施健康中国战略，落实国务院办公厅《关于促进

"互联网+医疗健康"发展的意见》，持续推进以电子病历为核心的医疗机构信息化建设，国家卫生健康委员会发布《关于进一步推进以电子病历为核心的医疗机构信息化建设工作的通知》（国卫办医发〔2018〕20号）。同年12月，国家卫生健康委办公厅出台《电子病历系统应用水平分级评价管理办法（试行）及评价标准（试行）》，规定了以电子病历为核心的医疗机构信息化系统评价标准，为信息化系统建设提供指引。《基本医疗卫生与健康促进法》第49条也规定，"国家推进全民健康信息化，推动健康医疗大数据、人工智能等的应用发展，加快医疗卫生信息基础设施建设，制定健康医疗数据采集、存储、分析和应用的技术标准，运用信息技术促进优质医疗卫生资源的普及与共享。县级以上人民政府及其有关部门应当采取措施，推进信息技术在医疗卫生领域和医学教育中的应用，支持探索发展医疗卫生服务新模式、新业态。国家采取措施，推进医疗卫生机构建立健全医疗卫生信息交流和信息安全制度，应用信息技术开展远程医疗服务，构建线上线下一体化医疗服务模式"。

本条由两款组成，第1款规定了公立医疗机构信息化系统标准，第2款规定了诊疗数据权。具体而言：

第1款前段规定，各级医疗机构信息化系统标准由国务院卫生健康主管部门统一制定并颁布。目前，公立医院信息化建设总体基础薄弱，医院信息化建设大多处在早期，甚至部分基层医院信息化建设处于空白，医疗机构信息系统需要进行建设完善。由各级政府卫生健康主管部门设置专门机构，统筹管理公立医院信息化建设。同时，国务院卫生健康主管部门应制定各级公立医院信息建设标准，在政府提供医疗信息系统后，统一投入专项资金对信息系统维护及进一步优化。

第1款后段规定，医疗机构信息化系统数据共享，提高医疗质量及效率。公立医院信息建设由政府统一研发管理维护，将每一位患者就诊的数据提供给所有的医疗机构共享，在患者就诊时提供相关医疗资料，杜绝对患者的重复检查，提高了患者就诊的效率，节省了医疗资源。政府相关部门对医院医疗过程能够进行动态监督管理，有效提高医疗机构的医疗质量。随着电子病历应用不断推进，医疗机构信息化系统数据共享等技术也在展开，2018年北京地区已有30家试点医院实现电子病历共享调阅。

第2款规定的是诊疗数据权，明确了诊疗信息的归属问题。所谓诊疗数据权，是指患者对自身诊疗数据财产的占有权、支配权、使用权、收益权以及处置权。患者在诊疗过程中产生的数据信息属于患者，经患者授权医疗机构应当向第三方提供所有数据信息。一直以来，有关患者诊疗信息的归属问题存在争议，有患者所有说、医疗机构所有说、患者医疗机构共有说等。笔者认为，患者的诊疗信息核心价值是患者的健康状态，虽然医务人员在诊疗过程中运用自己的知识而形成的智力成果不容忽视，但并不是诊疗信息的关键，以电子病历为核心的患者诊疗信息属于患者的隐私，最终应归属于患者，医疗机构无权任意支配更不得随意泄露，患者对医疗信息具有绝对的支配权，法律应当予以保护，只有经患者授权，制作并保存该信息的医疗机构才可以向第三方提供。

总之，由政府统一建设公立医院信息系统，不仅能够设立统一标准，杜绝各医院重复投入建设，最大限度节省人力及物力资源，而且在患者就诊过中医疗资料的保存共享能够使患者得到及时准确的诊疗，还能够使政府卫生监督部门动态、有效监督医院的医疗过程，达到监督指导的行业主导作用。

第三十二条 【医疗机构的服务收费】

医疗机构必须按照县级以上人民政府卫生健康主管部门和物价部门的有关规定收取医疗费用，详列细项，并出具收据。

【立法说明】

本条是关于医疗机构服务收费的规定。

医疗机构的服务收费是国家价格管理的重要组成部分，要根据客观经济规律的要求和不同时期的政治经济形势，对医疗服务价格的制定、调整和执行过程进行有效的组织、领导和监督。当前，我国医疗服务价格是由物价主管部门和卫生健康主管部门统一管理的。根据宏观调控和市场调节相结合的原则,医疗服务实行政府指导价和市场调节价相结合的定价方法。非营利性医疗机构提供的医疗服务价格,在执行政府指导价时,有上下10%的浮动,并报相关物价、卫生健康主管部门备案。供患者自愿选择的特需医疗服务价格,可在政府制定的指导价的基础上浮动,但必须报相关物价、卫生健康主管部门批准后执行。营利性医疗机构提供的医疗服务,其价格实行市场调节价。

医疗服务收费关系到人民群众的健康利益,受人们的心理承受能力和经济承受能力的制约,医疗健康事业不能完全由市场决定,必须坚持社会福利性和公益性基本导向。同时,医疗健康事业的发展也应该符合市场经济体制建设的基本要求,逐步转向以市场调节为主,充分调动各方面的积极性,用市场经济手段促进医疗健康事业的快速发展。医疗机构也应建立成本核算制度,主动配合物价主管部门和卫生健康主管部门进行成本调查。

本条明确规定了医疗机构不得随意收取医疗服务费用,应当按照县级以上人民政府卫生健康主管部门和物价部门的有关规定收取医疗费用,并且明码标价、详列细项。医疗机构向社会提供的医疗服务必须实行明码标价,医疗服务项目的费用必须在提供服务前明示,医疗机构有义务接受患者的价格查询,及时将详细项目和价格分项通知病人或家属,在医疗费用结算时,通过多种便利方式向患者提供医疗服务明细清单,对有要求的患者必须无条件提供医疗服务明细清单,不得推诿,不得强迫交易,以接受患者、监管部门和社会公众的监督。在监管医疗收费的问题上,物价主管部门依据相应法律法规履行相应职责,对医疗机构的服务价格进行监督检查,对违法行为实施行政处罚,防止价格欺诈行为的发生。同时,应当发挥市场作用,支持、鼓励营利性医疗机构对医疗服务收费开展行业自律。

我国医疗法将这一问题规定在同一条文中,表述也较之简洁,即医疗机构必须按照县级以上人民政府卫生健康主管部门和物价部门的有关规定收取医疗费用,详列细项,并出具收据。该条文的立法目的主要是出于对患者健康权的保障，由政府主导医疗服务定价，同时利用市场进行调节，保障每位患者都能享受高质量、低费用的医疗服务。

互联网医疗机构应当严格执行价格公示和明码标价制度，通过多种方式向患者公示互联网医疗服务项目价格，自觉接受社会监督。各级卫生健康主管部门和医疗机构要积极协调医保部门，将互联网医疗服务项目纳入医保支付范围。

第三十三条【医疗机构的非创收部门和场所】

二级以上医疗机构应当设立医疗社工部门、心理咨询部门、母婴室等非创收性部门或场所。

【立法说明】

本条是关于医疗机构非创收部门和场所的规定。

医疗机构应当转变服务理念，增设非创收部门和场所。近年来医疗纠纷事件频发，医疗机构必须将工作的中心从"病"转移到"人"，并克服功利主义对医疗机构的影响，所以适应社会转型期的要求，医疗机构应当设立"医疗社工部门""心理咨询部门"，并特别关注残疾人、老年人、儿童、孕妇、外籍人士和少数民族群众的特殊服务。县级以上医疗机构应当尽量为患者提供生活帮助，包括且不限于设立母婴室、少数民族患者或有宗教信仰患者的祈祷室、儿童游乐区域和临终告别室等。

对于本条义的理解，法律明确规定了二级以上医疗机构应当设置一定的非创收性部门或场所，列举了医疗社工部门、心理咨询部门和母婴室，实际上明确了这三个部门和场所是必须建立的，其他部门和场所应当根据医疗机构的实际需要和现实情况决定是否设置。

二级以上医疗机构应当设置医疗社工部门，具体负责招募、培训、组织社会人士参与医院的医疗社工工作。医疗社工应当主要从社会招募，同时鼓励医疗机构年轻医务人员作为补充。医疗社工部门应加强与医务人员的沟通，了解患者经济能力。对于经济困难的患者，医疗社工部门必须给予特别的生活关注；对部分特别困难的患者，医疗社工部门应当通过媒体、慈善机构等渠道向社会募集善款用于帮助医疗机构中的贫困患者。

二级以上医疗机构应当设置心理咨询部门，由临床心理医生或心理咨询师为患者提供心理咨询服务。临床心理医生或心理咨询师应参与医院的行政查房，并对存在心理问题的患者提出心理干预的建议和方案。临床心理医生或心理咨询师应为本院医务人员提供免费的心理咨询服务。

二级以上医疗机构应当设置母婴室及其他需要设置的非创收性部门或场所。母婴室，也称作母乳喂养室，通常设于大型公共场所，如商业综合体、交通枢纽、医疗机构、游乐场馆、文体教育场所等。以便于携婴父母出门在外照料哺乳期婴儿。建设主体包括商业场所及政府非营利性公共服务设施，是体现现代文明城市人文关怀的重要标志性公共设施。近年来，我国在倡导社会优生优育、数次全民舆论事件的讨论下，母婴室得到广泛关注。在母乳喂养意识逐步提升、鼓励父亲参与育儿的公共环境下，"让公共场所标配母婴室"正在逐步进行与完善。2020年3月1日起实施的《广州市母乳喂养促进条例》第13条明确规定，"下列公共场所建筑面积超过一万平方米或者日人流量超过一万人的，应当建设母婴室：（一）医疗机构……"，这也体现了立法趋势。

第三十四条 【捐赠医疗机构的特殊免税制度】

自然人、法人或非法人组织自愿无偿向医疗机构提供资金、物资等形式的公益性支持和帮助的，依照法律、行政法规的规定享受最高税收优惠条件。

【立法说明】

本条是关于捐赠医疗机构的特殊免税制度的规定。

捐赠是西方发达国家非营利性医院的重要融资渠道之一。但在中国，受限于慈善事业发展，有实力投资医院的慈善机构和团体缺乏、慈善医院相关法律制度不完善，捐赠还处于起步阶段。有关医疗机构的捐赠问题，主要规定在公益事业捐赠法、国家卫生和计划生育委员会、国家中医药管理局《关于印发卫生计生单位接受公益事业捐赠管理办法（试行）的通知》（国卫财务发〔2015〕77号）。同时，《基本医疗卫生与健康促进法》在第12条规定了"国家鼓励和支持公民、法人和其他组织通过依法举办机构和捐赠、资助等方式，参与医疗卫生与健康事业，满足公民多样化、差异化、个性化健康需求。公民、法人和其他组织捐赠财产用于医疗卫生与健康事业的，依法享受税收优惠"。我国台湾地区"医疗法"也明确规定了该制度，第38条规定"私人及团体对于医疗财团法人之捐赠，得依有关税法之规定减免税赋。医疗财团法人所得税、土地税及房屋税之减免，依有关税法之规定办理。本法修正施行前已设立之私立医疗机构，于本法修正施行后三年内改设为医疗法人，将原供医疗使用之土地无偿移转该医疗法人续作原来之使用者，不课征土地增值税。但于再次移转第三人时，以该土地无偿移转前之原规定地价或前次移转现值为原地价，计算涨价总数额，课征土地增值税"。

对于本条的理解，首先捐赠主体包括自然人、法人与非法人组织，包含所有可能捐赠的民事主体。捐赠是国家鼓励和倡导的行为，因此本法对捐赠主体没有作特别规定，自然人、法人或者非法人组织都可以捐赠其合法财产。自然人，既可以是中华人民共和国公民，也可以是旅居国外的华侨，还可以是外国人。同样，法人和非法人组织既可以是依法在中国设立的法人或组织，也可以是在国外依法成立的法人或组织。

《公益事业捐赠法》第4条明确规定，捐赠应当是自愿和无偿的，禁止强行摊派或者变相摊派，不得以捐赠为名从事营利活动。自愿和无偿原则，既是公益事业捐赠应当遵循的原则，也是捐赠自身所具有的属性，不具有自愿性和无偿性，也就不能称其为捐赠。首先，捐赠应当是自愿的，自然人、法人和非法人组织有决定捐赠或不捐赠，以及捐赠什么、捐赠多少的权利，有选择公益性社会团体或公益性非营利的事业单位进行捐赠的权利。任何个人或组织，都不能强行摊派或者变相摊派。其次，捐赠应当是无偿的，从民事行为上看，捐赠也是一种赠与行为。因此，捐赠必然是无偿的，也就是说，捐赠人将自己的财产给付受赠人，受赠人取得捐赠财产，无须向捐赠人偿付相应的代价。实际中，有的企业对一些社会团体或活动进行赞助，例如，世界许多知名企业对奥运会予以赞助，这种赞助实际上是一种商业行为，并不是无偿的，不属于捐赠的范围。

"医疗机构"，是指从事疾病诊断、治疗活动的医院、卫生院、疗养院、门诊部、诊所、卫生所（室）以及急救站等取得《医疗机构执业许可证》的机构。按照我国现行法律规定，医疗机构可以分为营利性医疗机构和非营利性医疗机构，医疗卫生服务体系坚持以非营利性医疗卫生机构为主体、营利性医疗卫生机构为补充。政府举办非营利性医疗卫生机构，应当坚持公益性质，以政府资金、捐赠资产举办或者参与举办的医疗卫生机构不得设立为营利性医疗卫生机构。国家鼓励政府举办医疗卫生机构与社会力量合作举办非营利性医疗卫生机构。政府不得与社会资本合作举办营利性医疗卫生机构。非营利医疗机构毋庸置疑，应当属于本条文所提到的医疗机构。对于营利性医疗机构，只要符合提供医疗服务的公益性质也可以接受捐赠，医疗卫生服务本身是一种社会性服务，公益性是医疗卫生服务的基本属性。因此，不应仅以投资主体定位其是否具有公益性。作为我国医疗卫生服务体系的重要组成部分，营利性医疗机构与非营利性医疗机构一样，解决了社会公众医疗的实际需求，也在提供医疗卫生服务的过程中实现了社会公共利益的增加，这就是公益性的体现。因此，这里的医疗机构不应当作限制解释，只要是符合公益性的医疗机构均可。

依照法律、行政法规的规定享受最高税收优惠条件。有关优惠政策并不宜规定在医事法中，应当依照法律、行政法规的规定具体执行，如《公益事业捐赠法》第四章就明确规定了优惠措施，即公司和其他企业依照本法的规定捐赠财产用于公益事业，依照法律、行政法规的规定享受企业所得税方面的优惠。自然人和个体工商户依照本法的规定捐赠财产用于公益事业，依照法律、行政法规的规定享受个人所得税方面的优惠。境外向公益性社会团体和公益性非营利事业单位捐赠的用于公益事业的物资，依照法律、行政法规的规定减征或者免征进口关税和进口环节的增值税。本法强调只有法律和行政法规才能进行规定，主要是防止某些部门或地方通过政府规章、地方性法规等形式随意规定优惠政策，从而对我国财税政策造成冲击。

第三十五条 【医疗机构人才培养发展基金提存制度】

二级以上医疗机构应当建立人才培养发展基金，用于资助本单位工作人员进行培训、进修和访问学习。

【立法说明】

本条是关于医疗机构人才培养发展基金提存制度的规定。

该条文主要包含两层含义：一是二级以上医疗机构应当建立人才培养发展基金；二是规定了该基金的用途，即用于资助本单位工作人员进行培训、进修和访问学习。具体而言：

1. 该基金情况和背景。人才是医院发展的根本动力，医院持续发展的基础。为进一步深化医药卫生体制改革，完善医疗机构人才的培养机制，特制定本条，要求二级以上医疗机构应当建立人才培养发展基金，用于资助本单位工作人员进行培训、进修和访问学习。在此之前，某些医疗机构已经建立了人才专项发展基金，但主要集中在相对发达地区的较大医疗机构，法律对此并没有强制要求。有些地区专门成立了医药卫生发展基金会设置专门人才培养基金，如2012年成立的上海市医药卫生发展基金会，该组织属于公募性质，以资助医药卫生公益事业和卫生改革项目、促进基础性和转化医学研究、建立医药卫生人才培养项目、资助有医疗需求的弱势群体、开展国内外医药卫生交流等为主要发展目标，经过多年运作，在医疗机构人才培养方面发挥了巨大作用。因此，有必要在二级以上医疗机构建立人才培养发展基金。

2. 基金的来源。医疗机构可以制订人才培养发展基金管理方案，由县级以上卫生健康主管部门予以指导，但不能过度干预。资金来源渠道可以是多样的，主要来自医疗机构自身提存，同时根据基金运行情况和实际需要，可以要求卫生健康主管部门适当提供支持。此外，基金可以吸纳社会出资，如企业、金融机构、科研机构等单位或个人。

3.基金的管理和主要用途。对于基金的管理应当由医疗机构成立专门的部门进行管理，保障资金安全、专款专用；同时，卫生健康主管部门应当起到监督作用，利用行政权防止基金挪用、滥用等。就该基金主要用途而言，顾名思义，该基金的宗旨和目的在于培养医疗人才、支持医务人员学习专业知识、开展科研项目等。需要注意的是，人才培养应当以学科建设为基础，以学科建设带动人才培养，使学科建设与人才培养融为一体。

实践中需要注意的是，根据本法规定，二级以上医疗机构设置人才培养发展基金提存制度是强制性要求，其他医疗机构并不做强制要求，鼓励有一定经济实力和需求医疗机构设置该基金，对于没有设置该基金的医疗机构，各级卫生健康主管部门可以按照有关法规、政策规定，申请人才培养发展基金的支持。

第三十六条 【医疗机构患者安全改进基金提存制度】

二级以上医疗机构应当建立患者安全改进基金，用于医务人员诊疗标准化、同质化建设和改进医疗服务流程和管理水平。

【立法说明】

本条是关于医疗机构患者安全改进基金提存制度的规定。

该条文与第35条均涉及医疗机构基金提存制度，两者主要是用途不同，该基金将用于医务人员诊疗标准化、同质化建设和改进医疗服务流程和管理水平。这些用途的主要目的在于提高患者安全。

患者安全主要是指通过采取系统性的、预防性的措施，降低医疗过程中以及医院环境中的各类风险，尽可能减少患者在医院期间不必要的伤害，维护患者及整个医疗环境的安全状态。2019年5月在日内瓦举行的第72届世界卫生大会通过决议，将每年的9月17日设立为世界患者安全日，以传播患者安全理念，推动全球协同合作，共同增进患者安全。国家卫健委曾出台多项政策文件，将患者安全管理融入医疗管理的各个环节。2018年，国家卫健委出台《关于进一步加强患者安全管理工作的通知》，专门就患者安全工作做出部署，明确提出五项主要任务和十项工作举措，建立并完善医疗质量管理长效机制，不断完善临床诊疗相关规范标准体系，明确在诊疗活动中医疗机构及其医务人员应当严格遵守的一系列制度，对保障医疗质量和患者安全发挥重要的基础性作用。

有关基金的来源、管理等问题与人才培养发展基金相似，不再赘述。这里主要就患者安全改进基金的用途进行解释，法律明确规定的是医务人员诊疗标准化、同质化建设，以及改进医疗服务流程和管理水平三项，具体而言：

1. 所谓诊疗标准化，是指形成疾病诊疗"指南""共识""规范"等，建立标准化诊疗，以便医务人员在具体诊疗活动中，面对不同的患者和疾病按照标准化的模式进行操作，有利于保障患者安全。

2. 所谓医疗同质化，是指除设备因素之外，医务人员所拥有的临床诊疗、护理技能基本一致，并不存在明显差异。一直以来，医疗体系出现问题重要的原因之一是医疗水平不同质，分级诊疗难以实现，造成了医疗资源的浪费。我国医疗改革要落到实处，需要实现医生诊疗技术的同质化，首先，加强医务人员的专业培训，这一点在第35条中已经提到，可以经由人才培养发展基金推动。为医疗科学技术与医疗管理的进步，医疗同质化将是发展趋势。

3. 改进医疗服务流程和管理水平，建立完善现代医院管理制度，完善医疗服务模式，应当充分运用信息化手段来改进医疗服务流程和管理水平，加强医疗质量监管，完善医疗纠纷调解机制，构建和谐医患关系，推进患者安全建设。

建立医疗机构患者安全改进基金提存制度，合理充分利用资金提高医疗服务质量与医疗机构管理水平，为患者提供更便捷优质的服务，加强人文关怀，也有利于使医务人员获得更多的幸福感，增强职业自豪感，以高尚的医德和高超的医术赢得社会公众的信任和尊重。

第三十七条 【医疗机构秩序的保障】

医疗机构应保持环境整洁、秩序安宁，不得妨碍公共卫生安全。为保障就医安全，任何人不得以暴力、胁迫、恐吓、公然侮辱或其他非法方法，妨碍医疗业务的执行。

医疗机构应采取必要措施，以确保医务人员执行医疗业务时的安全。县级以上人民政府应建立通报机制，定期公告妨碍执行医疗业务的行为及处理结果。

【立法说明】

本条是关于医疗机构秩序保障的规定。

维护医疗机构治安秩序、确保医疗机构安全稳定，不仅事关全体医务人员的人身安全，而且事关广大患者的合法权益、事关社会和谐稳定。当前我国仍处于社会矛盾凸显期、刑事犯罪高发期，社会治安形势严峻复杂，医疗机构作为人员大量聚集、矛盾纠纷易发的重点场所，必然受社会治安大环境的影响。要高度重视维护医疗机构秩序有关工作，持续深入地开展打击涉医违法犯罪工作，巩固成效、健全机制，依法惩治暴力伤害医务人员和扰乱医疗机构秩序等违法犯罪行为，为人民群众营造良好的就医环境。因此，在医疗法中规定保障医疗机构建设良好的秩序具有重要意义。

《基本医疗与卫生健康促进法》第33条第2款规定，"公民接受医疗卫生服务，应当遵守诊疗制度和医疗卫生服务秩序，尊重医疗卫生人员"；第46条规定，"医疗卫生机构执业场所是提供医疗卫生服务的公共场所，任何组织或者个人不得扰乱其秩序"；第57条进一步规定，"全社会应当关心、尊重医疗卫生人员，维护良好安全的医疗卫生服务秩序，共同构建和谐医患关系。医疗卫生人员的人身安全、人格尊严不受侵犯，其合法权益受法律保护。禁止任何组织或者个人威胁、危害医疗卫生人员人身安全，侵犯医疗卫生人员人格尊严。国家采取措施，保障医疗卫生人员执业环境"。违反该规定，构成违反治安管理行为的，依法给予治安管理处罚，构成犯罪的，依法追究刑事责任。

本条共两款，第 1 款规定医疗机构应保持环境整洁、秩序安宁，不得妨碍公共卫生安全。为保障就医安全，任何人不得以暴力、胁迫、恐吓、公然侮辱或其他非法方法，妨碍医疗业务的执行。本条文将医疗卫生机构安全定义为"公共卫生安全"，明确医闹行为将不再仅仅是医院内部治安问题，而是社会问题，要求全社会要共同行动，维护医疗机构的秩序。

第 2 款规定医疗机构应采取必要措施，以确保医务人员执行医疗业务时的安全。县级以上人民政府应建立通报机制，定期公告妨碍执行医疗业务的行为及处理结果。为保证法律能够得到有效实施，实践中需要一定的惩戒制度，本款规定了通报定期公告机制。在此之前，2018 年国家发展改革委、国家卫生健康委等 28 部门联合印发《关于对严重危害正常医疗秩序的失信行为责任人实施联合惩戒合作备忘录》，该备忘录规定，严重扰乱医疗秩序的人员将被列入严重危害正常医疗秩序失信行为人名单，该名单信息将通过全国信用信息平台推送给参与联合惩戒的各部门，共同落实联合惩戒措施。该备忘录可以与本条文协调实施。

总之，医事法中规定保障医疗机构秩序问题，提示全社会都要关心关爱医务人员，有利于形成尊医重卫的良好氛围，让医务人员的劳动得到尊重，价值得到体现，人格尊严得到维护，安全得到有力保障。

第三十八条【公安机关对医疗机构的协办职责】

公安机关应当保障并维护医疗机构秩序，发生威胁就医安全、妨碍医疗业务执行的行为时，公安机关应予以排除或制止；构成犯罪的，应当依法追究刑事责任。公安机关依法维护医疗机构治安秩序，查处、打击侵害患者和医务人员合法权益以及扰乱医疗秩序等违法犯罪行为。

【立法说明】

本条是关于公安机关对医疗机构的协办职责的规定。

本条是对第 37 条规定的医疗机构秩序保障的进一步规定，规定了公安机关的协办职责，明确了伤医、医闹等扰乱医疗秩序应当承担的法律责任。在此之前，2018 年实施的《医疗纠纷预防和处理条例》第 6 条规定，公安机关依法维护医疗机构治安秩序，查处、打击侵害患者和医务人员合法权益以及扰乱医疗秩序等违法犯罪行为。之前在草案中规定了公安机关对扰乱医疗机构正常秩序的行为，应当及时采取措施，如迅速制止过激行为，开展教育疏导，控制现场秩序，切实保障医疗环境的安全。2014 年为防范和打击暴力伤害医务人员违法犯罪活动的力度，切实维护医疗机构良好治安秩序，公安部制定了《公安机关维护医疗机构治安秩序六条措施》，协助医疗机构维护和保障医疗机构正常秩序。2016 年国家卫生计生委、中央综治办、公安部、司法部四部门联合下发《关于进一步做好维护医疗秩序工作的通知》，明确各地要坚决打击涉医违法犯罪，维护医院良好秩序。2017 年国家卫计委办公厅、公安部办公厅、国家中医药管理局办公室联合印发《严密防控涉医违法犯罪维护正常医疗秩序的意见》。上述文件逐步明确公安机关对维护医疗秩序的协助义务。主要包括以下内容：

1. 坚决依法打击暴力伤医违法犯罪。要始终保持对各类涉医违法犯罪活动依法严厉打击，完善涉医案件处置快速反应机制，对侮辱、威胁、殴打医务人员、非法限制医务人员人身自由等违法犯罪行为，要迅速出警、依法果断制止，当场查证；构成违反治安管理行为的，要依法予以治安管理处罚；构成犯罪的，依法追究刑事责任。对持凶器伤害医务人员、严重威胁医务人员人身安全的，要依法采取一切必要措施果断制止，并采取刑事强制措施。

2. 坚决依法果断处置扰乱医疗机构正常秩序行为。坚决依法查处携带管制器具进入医疗机构。对非法携带管制器具，或者携带斧头、菜刀、棍棒、易燃易爆等危险物品进入医疗机构的，要带离医疗机构严格审查；构成违法犯罪的，要依法从严惩处。二级以上医院一律作为巡逻必到点，有条件的要设立警务室；三级医院必须设立警务室。

3.配合卫生计生部门指导二级以上医院开展医患纠纷摸排，对矛盾纠纷突出的医院，一律建立专门机构负责接受患者诉求，跟踪问题处理结果。指导二级以上医院一律按照规定配足配强保安员，指导开展技能培训，加强医院巡逻守护。

4.在始终坚持依法严打的同时，要坚持采取多元化解相结合的工作方式，积极有效化解医患矛盾，从源头上防止和减少涉医案事件。公安机关要积极配合卫生健康主管部门和医疗机构，从近年来发生的涉医案事件中汲取深刻教训，深入细致地做好涉医矛盾纠纷排查化解工作，努力以法治思维和法治方式推动医患双方解决问题。

第三十九条【医疗机构紧急灾害应对职责与补偿原则】

> 发生重大灾害、事故、疾病流行或者其他意外情况时，医疗机构及其医务人员必须服从县级以上人民政府卫生健康主管部门的指挥、派遣，提供医疗服务及协助办理公共卫生，不得规避、妨碍或拒绝。
>
> 医疗机构依前款规定提供服务或协助所产生的费用或损失，卫生健康主管部门应当予以补偿。

【立法说明】

本条是关于医疗机构紧急灾害应对职责与补偿原则的规定。

《医疗机构管理条例》第39条规定，"发生重大灾害、事故、疾病流行或者其他意外情况时，医疗机构及其卫生技术人员必须服从县级以上人民政府卫生行政部门的调遣"。《基本医疗卫生与健康促进法》第50条亦规定，"发生自然灾害、事故灾难、公共卫生事件和社会安全事件等严重威胁人民群众生命健康的突发事件时，医疗卫生机构、医疗卫生人员应当服从政府部门的调遣，参与卫生应急处置和医疗救治"。

本条由两款组成，第1款为医疗机构设置了紧急灾害应对义务，规定当发生重大灾害、事故、疾病流行或者其他意外情况时,医疗机构及其医务人员应当履行的紧急灾害应对义务,即必须服从县级以上人民政府卫生健康主管部门的指挥、派遣,提供医疗服务及协助办理公共卫生,不得规避、妨碍或拒绝。违反此规定的应当承担相应的法律责任。本条并未对医疗机构的性质进行区分,所以任何医疗机构都应当遵循该规定。实际上该规定我们关注的重点并不在此,现实生活中,医疗机构拒绝履行该义务的情形极少出现,问题主要出在由此产生的费用和损失的承担主体问题,本法在第2款规定了该问题,这也是本条最大的亮点。

第2款规定了补偿原则,该原则符合医药体制改革的理念和基本要求,即医疗机构依前款规定提供服务或协助所产生的费用或损失,卫生健康主管部门应当予以补偿。应注意的是,补偿不同于赔偿,补偿往往是针对"合法行政行为"所造成的公民、法人或其他组织合法权益的损失,而赔偿是基于违法行政行为所造成的公民、法人或其他组织合法权益的损失,所以这里使用的是补偿而非赔偿。同时,这里的费用和损失需要依据具体情况予以认定,承担补偿义务的主体是县级以上卫生健康主管部门,具体资金由本级政府财政部门支出。

第四十条 【医疗机构评监、约谈和公示制度】

县级以上人民政府卫生健康主管部门对其管理的医疗机构业务应定期实施督导考核。医疗机构从事医疗活动未尽到相应责任或者存在严重问题,未及时采取措施消除的,或者卫生健康主管部门认为必要时,可以采取约谈医疗机构负责人、责令限期整改等措施。

【立法说明】

本条是关于医疗机构评监、约谈和公示制度的规定。

评监一词是我国台湾地区"医疗法"的规定,在我国大陆使用的是评审一词,两者无二致,目前主要规定在《医疗机构管理条例》中,第41条规定,"国家实行医疗机构评审制度,由专家组成的评审委员会按照医疗机构评审办法和评审标准,对医疗机构的执业活动、医疗服务质量等进行综合评价。医疗机构评审办法和评审标准由国务院卫生行政部门制定";第43条规定,"县级以上地方人民政府卫生行政部门根据评审委员会的评审意见,对达到评审标准的医疗机构,发给评审合格证书;对未达到评审标准的医疗机构,提出处理意见"。《基本医疗卫生与健康促进法》在第八章监督管理中用多个条文规定了评监、约谈、公示制度,第90条规定,"县级以上人民政府有关部门未履行医疗卫生与健康促进工作相关职责的,本级人民政府或者上级人民政府有关部门应当对其主要负责人进行约谈。地方人民政府未履行医疗卫生与健康促进工作相关职责的,上级人民政府应当对其主要负责人进行约谈。被约谈的部门和地方人民政府应当立即采取措施,进行整改。约谈情况和整改情况应当纳入有关部门和地方人民政府工作评议、考核记录";第91条规定,"县级以上地方人民政府卫生健康主管部门应当建立医疗卫生机构绩效评估制度,组织对医疗卫生机构的服务质量、医疗技术、药品和医用设备使用等情况进行评估。评估应当吸收行业组织和公众参与。评估结果应当以适当方式向社会公开,作为评价医疗卫生机构和卫生监管的重要依据"。

对本条的理解,主要包括两层含义,前段规定的是县级以上人民政府卫生健康主管部门对其管理的医疗机构业务应定期实施督导考核。所谓督导考核,即之前法律规定的对医疗机构的评审、评价,具有法律效力。在进行督导考核时可以协调行业组织、第三方专业机构规范开展医疗机构评价,健全医疗机构评审评价体系,具体管理规定还有赖法律法规等规范性文件的进一步完善。后段规定医疗机构从事医疗活动未尽到相应责任或者存在严重问题,未及时采取措施消除的,或者卫生健康主管部门认为必要时,可以采取约谈医疗机构负责人、责令限期整改等措施。本法所称约谈,是指县级以上人民政府卫生健康主管部门会同有关部门约见从事医疗活动未尽到相应责任或者存在严重问题,未及时采取措施消除的医疗机构负责人,或者卫生健康主管部门认为必要时约见医疗机构负责人,依法进行告诫谈话、指出相关问题、提出整改要求并督促整改到位的一种行政措施。约谈是行政机关对医疗机构的监督制度,是预防和解决医疗机构未尽到责任、出现严重问题等的重要手段。

第四十一条 【医疗机构的破产清算】

医疗机构被依法宣告破产的，依照有关企业破产的法律规定实施破产清算。

【立法说明】

本条是关于医疗机构破产清算的规定。

近年来很多民营医疗机构破产，特别是营利性医疗机构，以营利为目的，涉及出资等问题，在具体管理程序上类似于企业，因此必然会涉及破产清算问题。社会资本大举进入医疗行业，除资金优势外，管理、人才、技术、市场优势、市场化竞争等对于提高医院的服务水平大有裨益。所以有必要建立医疗机构破产清算制度，形成有序的医疗市场竞争机制。本条规定的破产清算制度主要针对营利性医疗机构，主要包含两层含义：

1. 医疗机构被依法宣告破产的应当实施破产清算。所谓破产清算，是指宣告医疗机构破产后，由清算组接管医疗机构，对破产财产进行清算、评估和处理、分配。清算组由人民法院依据有关法律的规定，组织股东、有关机关及有关专业人士组成。这里的有关机关一般包括国有资产管理部门、政府主管部门、证券管理部门等，专业人员一般包括会计师、律师、评估师等。

2. 关于医疗机构破产清算的法律适用问题。本条规定，依照企业破产的法律规定实施破产清算。首先，民法典规定了破产清算制度，第73条规定，"法人被宣告破产的，依法进行破产清算并完成法人注销登记时，法人终止"。与法人解散后进行的清算不同，法人被宣告破产后，依法进行破产清算。根据《民法典》第68条的规定，"法人被宣告破产"是与"法人解散"并列的一类法人终止的原因，不能一概而论。《企业破产法》第121条规定："管理人应当自破产程序终结之日起十日内，持人民法院终结破产程序的裁定，向破产人的原登记机关办理注销登记。"需要注意的是，目前我国并无统一的破产法,企业破产法的适用范围是企业。但企业破产法为企业法人以外的法人和非法人组织破产时的清算程序,预留了接口。该法第135条规定:"其他法律规定企业法人以外的组织的清算,属于破产清算的,参照适用本法规定的程序。"对于企业法人以外的组织的清算,企业破产法之外的其他法律规定了其清算属于破产清算的,则应当参照适用企业破产法规定的程序。如与医疗机构相类似的学校,《民办教育促进法》第58条规定:"民办学校终止时,应当依法进行财务清算。民办学校自己要求终止的,由民办学校组织清算;被审批机关依法撤销的,由审批机关组织清算;因资不抵债无法继续办学而被终止的,由人民法院组织清算。"第59条规定:"对民办学校的财产按照下列顺序清偿:(一)应退受教育者学费、杂费和其他费用;(二)应发教职工的工资及应缴纳的社会保险费用;(三)偿还其他债务。非营利性民办学校清偿上述债务后的剩余财产继续用于其他非营利性学校办学,营利性民办学校清偿上述债务后的剩余财产,依照公司法的有关规定处理。"根据最高人民法院《关于对因资不抵债无法继续办学被终止的民办学校如何组织清算问题的批复》规定,依照民办教育促进法第10条批准设立的民办学校因资不抵债无法继续办学被终止,当事人依照民办教育促进法第58条第2款规定向人民法院申请清算的,人民法院应当依法受理。人民法院组织民办学校破产清算,参照适用企业破产法规定的程序,并依照民办教育促进法第59条规定的顺序清偿。因为民办教育促进法规定的民办学校,既有营利性民办学校,又有非营利性民办学校。因此,对于民办学校而言,不论是否为营利性法人,皆可破产。

民办学校破产清算制度给设定医疗机构破产清算提供了思路,关于营利性医疗机构基本上与企业相类似,其破产清算可以适用企业破产清算规定,对于医疗机构的特殊性,如财产处置、清算组的设置可以在行政法规等其他规范性文件中作具体规定。对于非营利性医疗机构的破产清算,其他法律法规可以进行特殊规定,在没有规定之前应当适用企业破产法有关规定。本条采用这样的立法技术,一方面降低了立法成本,为医疗机构提供了法定参照适用的破产清算程序;另一方面有利于破产清算制度的统一。

第三章　医患权利义务和患者权利保护体系

第四十二条【宣告死亡制度】
医疗机构应当建立死亡宣告制度，规范死亡宣告流程和标准。具体管理办法由国务院卫生健康主管部门制定。

【立法说明】

本条是关于宣告死亡制度的规定。

死亡有自然死亡与推定死亡之分。自然死亡，又称生理死亡，是指自然人生命的终结。推定死亡，是公民离开其住所地或居住地下落不明且满足法律上所规定的宣告死亡的条件时，由人民法院宣告其死亡的一种法律制度。生与死作为生命的终极存在方式，一直是哲学和医学上的命题。但是，随着现代生物医学技术的发展，特别是人工生殖器官移植技术的发展，生的方式和死的标准也日益引起法律界的广泛关注。当代医学与法律所关心的已不仅仅是死亡的概念，而是何时是生命的终止时刻。关于死亡标准，传统的死亡概念是心肺呼吸概念，但是这一传统观念现在受到了日益严重的挑战，先进的高效复活技术和人工呼吸机可以使心跳、呼吸停止数小时，乃至十余小时的病人重新苏醒，再加上人工营养维持，能使许多病人"起死回生"。现代医学研究表明死亡是一个分层次进行的复杂过程，随着医学研究的不断深入，脑死亡标准应运而生，但此标准同时也受到了法律和伦理的限制，然而在实践中脑死亡标准不止一次被运用于医学临床，心脏和其他器官在脑死状态下的移植为数不少，这些做法显然没有法律依据，医疗机构的死亡标准不统一以及死亡宣告流程也不尽规范，面对这样的困境，关于医疗机构建立死亡宣告制度的立法是十分必要的。

本条规定的主要内容有：

一是死亡宣告制度的建立主体是医疗机构。医疗机构应当根据有关法律规定建立本医疗机构的死亡宣告制度，医疗机构通常为死亡的"见证者"，规范医疗机构的死亡宣告制度可有效杜绝医疗机构死亡标准不一或死亡宣告程序不规范的情况，是对患者及其亲属的尊重与保护。二是死亡宣告制度的主要内容包括死亡宣告流程和标准。三是死亡宣告制度的具体管理办法由国务院卫生健康主管部门制定。

第四十三条 【患者的生命权】

医疗卫生服务机构及其医务人员应当尊重患者的生命权。

【立法说明】

本条是关于患者生命权的规定。

《世界人权宣言》中明确指出："人人有权享有生命、自由与人身安全"，"个体患病、残疾或衰老时，有权享受保障。"民法典规定，自然人享有生命权。生命权是一项独立的人格权，是指自然人的生命安全不受侵犯的权利。任何人的生命非经司法程序，不得随意剥夺，是患者合法权益。体现在医疗活动中，要求医务人员不得实施我国法律尚未明文规定的"安乐死""尊严死"等人为终止患者生命的行为。

生命权的核心地位在国外及国际社会越来越受认同，甚至有被列入三大人权（主要是生命权、自由权和财产权）之首的趋势。《中国医师道德准则》中提到"敬畏生命，以悲悯之心给予患者恰当的关怀与照顾"是医师的道德义务，敬畏生命是一个永恒的话题，也是法学理论追求之一，体现在医事法方面，就是对患者生命权的尊重，患者在就医期间，医疗卫生服务机构及其医务人员应当以患者为中心，对患者的生命给予尊重。

本条规定了医疗机构及其医疗服务人员应当尊重患者的生命权。一是医事法目的在于保障患者合法权益,提高公民健康水平,推进健康中国建设,而生命权作为一项独立的人格权在人权学说中具有核心地位,本条规定是对患者生命权的尊重和保护。二是当前我国正处于社会转型时期,医疗领域的各种矛盾比较突出,尤其是医患关系亟待做根本性的改善,医疗机构及其医务人员从事医疗活动,维护患者生命和健康尊严,是维护医患信任的基础。

第四十四条 【患者的宗教信仰权】

医疗机构应当尊重患者宗教信仰权利,在住院生活过程中给予最大便利。患者不因其宗教信仰受到差别对待。患者享有宗教支援的权利,医疗机构及其工作人员应当对此予以尊重。

【立法说明】

本条是关于患者宗教信仰权的规定。

宗教信仰自由是宪法所确立的公民的基本权利之一,《宪法》第36条规定,中华人民共和国公民有宗教信仰自由,宗教信仰自由是普世人权的重要组成部分和现代法治的精神财富,而落实宗教信仰自由的重要方面是避免公民因信仰宗教而受到歧视,尤其是病人在享受医疗服务的过程中,应当得到一视同仁的待遇。1948年世界医学学会《日内瓦宣言》中提到"不以种族、宗教、国籍、政党、政治派别如何及社会地位的高低来区别对待患者"。我国台湾地区的医师伦理规范中提到"医师不以宗教、国籍、种族、政党或社会地位等理由来影响自己对病人的服务";《中国医师道德准则》中提到"不因患者年龄、性别、婚姻状况、政治关系、种族、宗教信仰、国籍、出身、身体或精神状况、性取向或经济地位等原因拒绝收治或歧视患者"。这些道德准则都是关于平等医疗的内容,其中尊重宗教信仰不可或缺。

本条主要内容包含:

1. 医疗机构应当尊重患者宗教信仰权利,在住院生活过程中给予最大便利。患者除应当获得良好的医疗服务外，还应当在人格尊严、风俗习惯、宗教信仰等方面获得尊重和关怀。与此同时，尊重患者的宗教信仰对改善医患关系起着重要的作用，宗教信仰者缺失了他人的尊重以及宗教活动对周围人群的干扰引发的矛盾往往成为医院不和谐气氛的因素之一。因此在宗教信仰方面，医院应当满足有宗教信仰的患者文化照护的需求，如尊重其宗教信仰、知晓其宗教禁忌和做好其饮食照护等。

2. 患者不因其宗教信仰受到差别对待。强调医疗服务的公平，即国民在需要时均有同等的机会获得应有的医疗服务，达到基本生存标准，主要体现为医疗服务产品在任何地区、任何人群中分配的合理性，以及人们在享受基本医疗服务方面的合理性。

3. 患者享有宗教支援的权利。宗教支援，是指为宗教信仰患者所提供的心理或道德上的安慰行为。《里斯本宣言》中提到"患者有权利接受或是拒绝心灵或是道德上的安慰，包括她（他）所选择宗教的牧师（神职人员）所提供的帮助"。1981年世界医学会第三十四次大会《患者权利宣言》中也提到"患者有接受或拒绝宗教协助精神慰藉的权利"。医疗卫生服务机构及其医务人员在工作过程中要对患者的宗教信仰予以尊重，充分考虑到宗教信仰对患者的心理及治疗的影响，以患者为中心和患者至上的理念应当是医疗服务机构及其医务人员的行为标准。

第四十五条 【患者的健康权】

医疗机构及其医务人员应当谨慎地开展医疗活动，依法尊重并维护患者的健康权。

【立法说明】

本条是关于患者健康权的规定。

健康权，是指自然人以其器官乃至整体功能利益为内容的人格权，其客体是人体器官及各系统乃至身心整体的安全运行，以及功能的正常发挥。

《世界卫生组织法》规定,"健康不仅为疾病或羸弱之消除,而系体格,精神与社会之完全健康状态。享有可能获得的最高标准的健康是每个人的基本权利之一,不因种族、宗教、政治信仰、经济及社会条件而有区别。全世界人民的健康为谋求和平与安全的基础,是有赖于个人的和国家的充分合作"。《人权宣言》《经济、社会及文化权利国际公约》和世卫组织(WHO)及其他国际机构的一系列文件都明确指出"健康权是一项基本人权"。

《宪法》第21条第1款规定:"国家发展医疗卫生事业,发展现代医药和我国传统医药,鼓励和支持农村集体经济组织、国家企业事业组织和街道组织举办各种医疗卫生设施,开展群众性的卫生活动,保护人民健康。"从我国宪法以上规定可以得出,健康权是我国宪法上规定的公民基本权利,其内涵包括:第一,公民健康不受侵犯;第二,公民在患病时有权从国家和社会获得医疗照护、物质给付和其他服务;第三,国家应发展医疗卫生事业、体育事业、保护生活和生态环境,从而保护和促进公民健康。从法律角度看,生命权和健康权历来是民法保护的民事权利,而后成为近代宪法上的基本公民权,直至当代成为国际法上具有普遍意义的基本人权。体现在医疗活动中,患者的健康权要求医务人员以最善的注意义务谨慎地开展医疗活动,依法尊重并维护患者的生命与健康利益,尽量避免医疗事故、医疗差错、药品质量事件、医疗器械质量事件等不良事件的发生。

有些医疗行为本身具有一定人身创伤性,如外科医师的工作,是以较小的代价换取患者的生命和健康。绝大多数医师行医目的是崇高而正义的,但是如果医师因不合乎手术之方法或治疗之目的及施行过度,致侵害患者之健康,对患者健康造成损害的,将成为损害赔偿的原因。因此为保护患者健康权,要求医务人员以最善的注意义务谨慎地开展医疗活动,依法尊重并维护患者的生命与健康利益,尽量避免医疗事故、医疗差错、药品质量事件、医疗器械质量事件等不良事件的发生。

第四十六条 【患者的身体权】

患者的器官和组织应当归患者所有。患者放弃器官或组织的，可以由医疗机构进行处置。任何单位和个人不得买卖器官和组织。如果器官和组织可能造成传染病传播的，医疗机构应当及时告知患者，依法进行消毒处理，并按照医疗废物进行处置。

【立法说明】

本条是关于患者身体权的规定。

根据《民法典》第110条规定，身体权是包括患者在内的自然人所享有的一项独立人格权。身体权是自然人依法维护其身体完整，并支配其身体器官和其他组织的具体人格权。身体权在内容上包括两方面：一是自然人维护自己身体完整性的权利；二是自然人对自己身体组成部分的支配权。它强调身体权所维护的利益，是自然人身体组成部分完整性的不可侵犯。所以，任何人（包括医务工作者）未得到公民允许，破坏公民身体完整性的行为都构成身体权的侵害。例如，在医院中，由于有些医师同时有科研任务，所以经常需要活体材料（血液、胃内容、肠内容等，其中以血液最为常见）做实验。为维护患者的身体权，本条主要规定了以下内容：

1. 患者的器官和组织的归属为患者。法律学意义上的身体，是躯体和身体附属物的总称，它具有自然属性和社会属性。为方便对身体权的理解，可将自然人的身体组成分为3个基本部分：（1）主体部分，指人的肉体主要组成部分，包括头颅、躯干、内脏器官和肢体等身躯部分，这些身躯的主要构成部分的缺失，将直接造成人体健康水平的降低或残疾。（2）附属部分，指人体的主体部分按照人体新陈代谢规律产生的身体衍生物，如毛发、指甲、胡须等。这些身体组成部分与身体分离，不会形成人体的痛苦，也不会造成人体某种功能的丧失和健康水平的降低。（3）镶装、配置的人工制作的残缺身体部分的代替物，如心脏起搏器、义肢等。

2. 患者放弃器官和组织的，可以由医疗机构进行处置。未经过患者同意,对器官和组织的非法保留和占有构成对身体权的侵犯,如医师擅自留置并拒绝返还产妇分娩时剥离的胎盘组织。2005年原卫生部针对原青岛市卫生局《关于产妇分娩后医疗机构如何处理胎盘问题的请示》作出了《关于产妇分娩后胎盘处理问题的批复》(卫政法发〔2005〕123号)。在该批复中明确指出,"产妇分娩后胎盘应当归产妇所有。产妇放弃或者捐献胎盘的,可以由医疗机构进行处置。任何单位和个人不得买卖胎盘。如果胎盘可能造成传染病传播的,医疗机构应当及时告知产妇,按照《传染病防治法》和《医疗废物管理条例》的有关规定进行消毒处理,并按照医疗废物进行处置"。

3. 禁止买卖器官和组织。器官买卖其实质是将人作为手段,侵犯了人的自在目的性,是对人类整体尊严的违背,是对人的尊严的亵渎,有违器官捐献的基本伦理。康德认为,除非事关生死,个体为成为歌手,为获得美妙的声音以及过上更好的生活而进行自我阉割的做法是错误的,正如Munzer所指出,反对的本质并不在于阻止器官买卖,而是阻止所导致的生命的黯然无光。与此同时,由于需要接受移植的患者众多而器官来源又严重不足,导致人体器官具有高利润性,催生了人体器官的"黑市交易"。为此,有些不法分子受人体器官买卖高利润性的诱惑,不惜铤而走险,通过拐卖、诱骗、麻醉等犯罪手段偷偷摘取或强制摘取他人的身体器官加以贩卖,未成年人由于不具有完全的行为能力和防护能力,容易成为这些不法分子猎取的目标。这不仅对未成年人的生命权益构成了严重的威胁和损害,而且造成了极其恶劣的社会影响,严重威胁人民群众的生命健康,侵害公共卫生管理秩序。

4. 器官和组织可能造成传染病传播情况下的处理。如果器官和组织可能造成传染病传播的,首先,医疗机构应当及时告知患者;其次,按照《传染病防治法》和《医疗废物管理条例》的有关规定进行消毒处理,并按照医疗废物进行处置。

第四十七条 【患者的隐私权】

医疗机构及其医务人员在诊疗过程中,应当尊重患者在信息、空间和行为方面的隐私权。医疗机构及其医务人员负有尊重患者隐私、保守秘密的义务。

因患者疾病可能增加他人生命健康风险时,医疗机构及其医务人员可以以合理方式在最小限度范围内向患者相关方披露患病信息,但不得向社会公布。

【立法说明】

本条是关于患者隐私权的规定。

隐私权是人类文明发展到一定历史阶段的产物。我国民法典等法律已将隐私权明确规定为一项具体的人格权。一般认为,隐私是一种与公共利益、群体利益无关的,当事人不愿他人知道或他人不便知道的信息,当事人不愿他人干涉或他人不便干涉的个人私事和当事人不愿他人侵入或他人不便侵入的个人领域,包括身体秘密(如生殖器官等身体隐秘部位、身体缺陷)、私人空间(如日记)、个人事实(如个人婚恋状况、收入情况)和与社会无关的个人生活(如性生活)等内容。隐私权是自然人享有的对其个人的、与公共利益无关的个人信息、私人活动和私有领域进行支配的一种人格权。患者的隐私,是指患者在就诊过程中向医师公开的,但不愿让其他人知道的信息、空间和活动。

本条主要内容包括:

1.医疗机构及其医务人员在诊疗过程中,应当尊重患者在信息、空间和行为方面的隐私权。

(1)患者的隐私信息保护。患者的隐私信息范围很广,实际上患者到医院就诊,从坐下听医师询问开始,便存在一个隐私权问题。如医师通过问诊,可知悉患者的病因、病史、不良嗜好、生活习惯、夫妻生活等;医师对患者进行检查时,可以接触患者的隐秘部位,发现患者的病理和生理缺陷、疾病状况等。患者的隐私信息，是指在不妨碍他人与社会公共利益的前提下，患者个人内心与身体上存在的不愿让别人知晓的秘密信息。这些秘密信息包括：①患者身体存在的生理特点、生殖系统、生理缺陷或影响其社会形象、地位、从业的特殊疾病；②患者既往的疾病史、生活史、婚姻史；③患者的家族疾病史、生活史、情感史；④患者的人际关系状况、财产及其他经济能力状况等。

（2）患者的隐私空间保护。患者的隐私空间，是指在医院就诊过程中，暂时为患者占有、使用，而其不愿意被他人侵入的场所。医院应当充分保护患者的隐私空间，首先要为患者尽量营造隐秘空间，其次未经患者同意不应擅自、草率地侵入这些私密空间。例如，医师对患者采取药物和手术措施的同时，还要注意为患者提供私密的诊疗环境。

（3）患者的隐私行为保护。患者的隐私行为，是指在医院就诊过程中，除法律法规特别规定外，患者具有行动自由的权利，医院不得限制患者的行为。例如，有些医院明确规定患者住院期间一概不得外出。有些医院则规定，患者住院期间有权外出，但是必须告知主治医师。主治医师从患者病情角度认为不宜外出的，应书面告知患者外出的医疗风险，仍坚持者，始可外出。住院患者临时外出是医院管理中常见的情况，医院的上述两种不同处理方法，后者应是正确的。

2. 医疗机构及其医务人员负有尊重患者隐私、保守秘密的义务。早在2000多年前，《希波克拉底誓言》就明确强调，"在治病过程中，凡我所见所闻，不论与行医业务有无直接关系，凡我认为应予保密的事项坚决不予泄露"。患者与医师之间存在一定的信任依赖关系，医护人员应对患者保持忠实、勤勉的义务，除认真负责地诊治外，必须尊重患者的人格，保守医疗秘密。我国的卫生法律法规对患者的隐私保护问题也作出了明确规定，不泄露患者隐私已成为医护界必须遵守的职业道德规范。

3. 患者隐私权保护的例外。医务人员因业务知悉患者秘密的，不得无故泄露，但当患者的疾病信息涉及第三人生命健康时，则患者的隐私权存在一定的限制，医疗机构及其医务人员可以披露患者的相关患病信息。但这一例外为保护患者隐私权亦存在一定的条件限制:(1)因患者疾病可能增加他人生命健康风险时;(2)医疗机构及其医务人员以合理方式对患者的信息进行披露;(3)医疗机构及其医务人员只能在最小限度范围内披露患者信息;(4)只能向患者相关方披露信息;(5)只能披露相关患病信息;(6)不得向社会公布。

第四十八条【患者的自主决定权、替代同意与医学预嘱制度】

患者对自己的身体、生命相关利益具有自主决定权,但不能违背公序良俗。有决定能力的患者在被告知有关自己病情、治疗方案等足够信息的前提下,有权决定自己治疗的相关事项。

患者不具有相应的知情同意能力时,可由其近亲属作为代理人行使自主决定权。

患者可在心智健全的情况下,先行指定代理人,或就是否进行治疗、治疗方案等内容进行书面医学预嘱。患者本人医学预嘱或指定代理人的意见与患者近亲属意见不一致的,应当尊重患者本人医学预嘱或指定代理人的意见。

【立法说明】

本条是关于患者自主决定权、替代同意、医学预嘱制度的规定。

1. 患者自主决定权(patients' right of self-determination)。患者自主决定权,是指患者对与自己的身体、生命相关的利益自己决定的权利。这一权利肇始于美国,1914年,美国纽约州地方法院法官卡多佐(Cardozo BN)在 Schloendorff v. Society of New York Hospital 案的判决中首次明确地提出了患者的自主决定权这一概念。在该案中,法官认为:"所有具有健全精神状态的成年人,都有决定对自己身体作何处置的权利。医师如不经患者同意而对其进行手术,则构成伤害罪,应承担损害赔偿的责任。"从此,这一概念植根于美国的判例法和法律中,并逐渐为现代文明国家所普遍接受。

理法》第 57 条规定，医疗机构应当向患者提供所用药品的价格清单。

医疗机构提供服务有欺诈行为的，应当按照患者的要求增加赔偿其受到的损失，增加赔偿的金额为患者接受服务的费用的 3 倍；增加赔偿的金额不足 500 元的，为 500 元。《消费者权益保护法》第 55 条第 1 款规定："经营者提供商品或者服务有欺诈行为的，应当按照消费者的要求增加赔偿其受到的损失，增加赔偿的金额为消费者购买商品的价款或者接受服务的费用的三倍；增加赔偿的金额不足五百元的，为五百元。法律另有规定的，依照其规定。"因此，医疗机构提供服务有欺诈行为的，将对患者的财产权进行加倍赔偿，最低为 500 元。

第五十条 【知情同意与设立患者学习中心】

医务人员在诊疗活动中应当向患者说明病情和医疗措施。需要实施手术、特殊检查、特殊治疗的，医务人员应当及时向患者说明医疗风险、替代医疗方案等情况，并取得其书面同意；不宜向患者说明的，应当向患者的近亲属说明，并取得其书面同意。

二级以上医疗机构应当设立患者学习中心，通过多媒体课件、录像、应用软件等方式向患者提供医学专业知识。

【立法说明】

本条是关于患者知情同意与设立患者学习中心的规定。

1. 知情同意。医疗知情同意是医疗活动中的一项基本规则，离开了患方的知情同意，医疗行为就失去了其合法基础。医疗知情同意规则在维护患者生命健康权益的同时，更重要的是体现了对患者个人自主和尊严的尊重；对于缓解医患矛盾、重建医患信任、解决医疗纠纷等具有重要的制度意义。医疗行为合法化的前提条件是：医疗目的的正当性和患方的同意两者都必须具备。医疗目的的正当性是抽象层面的要求，另外，一般情况下在个案中还必须有患方的同意条件，正如苏力教授所言：医疗知情同意"从来不是可有可无的手续,它是治疗的重要组成部分,是其正当性和合法性的基础"。

知情同意的方式应当为书面形式,即医疗知情同意书。知情同意书是在施行医疗行为之前充分告知患方相关医疗信息,征得患方同意后与其签订的医疗文书。医疗知情同意书是医师告知、患者同意的最主要的形式和载体。《医疗机构管理条例》第33条规定:"医疗机构实施手术、特殊检查或者特殊治疗时,必须征得患者同意,并应当取得其家属或者关系人同意并签字;无法取得患者意见时,应当取得家属或者关系人同意并签字。"医方应将告知的内容书写在病程记录上,并且患者有权取得部分资料。民法典侵权责任篇对于知情同意权的行使形式也给予了确定要求,即对于手术、特殊检查和特殊治疗,知情同意权主体要在知情、理解的基础上以书面的形式将自己同意的意思表达出来,这也标志着我国医疗知情同意从形式上的"简单同意"过渡到了实质意义上的"知情同意"。因此,医务人员在诊疗活动中首先应当向患者说明病情和医疗措施。需要实施手术、特殊检查、特殊治疗的,医务人员应当及时向患者说明医疗风险、替代医疗方案等情况,并取得其书面同意;不宜向患者说明的,应当向患者的近亲属说明,并取得其书面同意。

2. 患者学习中心。二级以上医疗机构应当设立患者学习中心,通过多媒体课件、录像、应用软件等方式向患者提供医学专业知识。

知情是同意的前提,有效的同意必须在患者理解被告知信息的内容的前提下作出,要求医方在履行告知义务时,要用患方可以理解的语言充分告知诊疗信息内容,进而保证患方接收的诊疗信息具有真实性、准确性、全面性、客观性。在已发生的医疗纠纷中,因医患沟通不足引起的所占比例极大。为了调和医师的说明义务与患者的自主决定权之间的矛盾,实现患者的利益,有必要让医师与患者在实施医疗行为之前进行充分沟通,如设立患者学习中心,过多媒体课件、录像、应用软件等方式向患者提供医学专业知识,以保证患者接收的诊疗信息具有真实性、准确性、全面性、客观性。

第五十一条 【医师的说明义务、说明标准和义务免除】

如果医务人员未尽到告知义务，造成患者损害的，医疗机构应当承担赔偿责任。在医师可能预见的范围内，就其治疗的具体、个别患者本人所视为重要的事项，即应告知，其告知范围标准取决于作出同意的患者本人。

下列情形，患者生命垂危且不能表达意见，经医疗机构负责人或者授权的负责人批准，为挽救患者生命，可以立即实施相应的医疗措施：

（一）近亲属不明或者无联系方式的；

（二）有联系方式但联系不到近亲属的；

（三）近亲属拒绝发表意见的；

（四）近亲属不能达成一致性意见的；

（五）近亲属作出明显不利于患者的意思表示；

（六）法律、法规规定的其他情形。

【立法说明】

本条是关于医师说明义务、说明标准和义务免除的规定。

医疗知情同意规则主要包含医方的告知义务与患者的知情同意权两部分。医务人员的告知义务也称说明义务，从患方知情同意权实现的角度讲，医疗告知义务的履行是患方知情同意权实现的逻辑前提，没有医方告知义务的履行，患方的知情同意权就无从实现；从实质上来说，只有医方尽了应有的告知义务，而且有效地得到患方同意，其实施的医疗行为才具有合法性和正当性。

1. 医务人员负有告知义务。

（1）立法必要性。在大陆法系国家，有学者认为，医师说明义务是基于医院和患者之间的契约；也有学者认为，医师的说明义务是一种法定义务。但是，随着"知情同意"规则的不断深入和发展，其重点开始从"患者的自己决定权"转移到医师是否履行告知和说明义务上。由于医疗单位的有限理性和机会主义倾向的存在，医疗单位往往会发生道德危机，导致患者知情同意权落空。因此，国家有义务通过立法设置强行性规范，约束医疗单位履行告知义务。

（2）告知义务标准。说明义务的标准是判定医师是否已尽合理说明义务的基准，是判断医师在说明义务的履行上是否存在过失的依据。对说明义务的标准目前主要有三种观点：理性医师标准、理性患者标准、具体患者标准。为了保证患者知情权的实现，医师必须适当履行告知义务。因为只有适当，患者才能在认真权衡利弊后自愿作出有理智的选择，并承担由此带来的"合理风险"。如果医方履行义务不适当，医方所取得的患者"自愿"的有理智的"同意"，就会构成对患者手术知情同意权的侵害。因此，医师说明义务作为患者自我决定权行使的基础，唯有医师尽其说明义务，并取得患者的同意，医师所实施的医疗行为始具合法性。

虽然我国现有法律法规对医务人员的告知义务有明确规定，但要求较为笼统，依照何种标准要求医务人员履行告知义务则没有统一规定，民法典侵权责任篇对此也没有作出明确的规定。医疗知情同意权作为一项法律原则，必须进一步细化适用的标准。在医疗实务中，既不能片面地采用"医师标准"，加重患者举证责任；也不能片面采用"患者标准"，加重医疗机构的赔偿风险。关于医疗机构的信息披露义务的范围，医疗知情同意规则并不要求医师向患者披露所有的医疗信息和可能风险，一般认为，医师应将对患者的判断和决定产生实质性影响的信息或风险披露给患者。

2. 医务人员告知义务的免除。立即实施相应的医疗措施免除告知义务的条件有：（1）发生以下情形之一：①近亲属不明或者无联系方式的；②有联系方式但联系不到近亲属的；③近亲属拒绝发表意见的；④近亲属不能达成一致性意见的；⑤近亲属作出明显不利于患者的意思表示；⑥法律、法规规定的其他情形的。（2）患者生命垂危且不能表达意见。（3）经医疗机构负责人或者授权的负责人批准。（4）目的为挽救患者的生命。

第五十二条 【医师警戒义务】

医务人员在临床工作中发现可能造成公民健康严重损害的重大传染病疫情、群体性不明原因疾病、重大食物和职业中毒以及其他严重影响民众健康的事件,有向有关部门报告的义务。

医务人员在履行报告义务中存在过失的,免除其法律责任。国家奖励积极履行报告义务,避免公民健康受到危害的医务人员。

【立法说明】

本条是关于医师警戒义务的规定。

1. 医师警戒义务的内涵。医师警戒义务,是指医务人员在临床工作中发现可能造成公民健康严重损害的重大传染病疫情、群体性不明原因疾病、重大食物和职业中毒以及其他严重影响民众健康的事件,有向有关部门报告的义务。《执业医师法》第29条规定,"医师发生医疗事故或者发现传染病疫情时,应当依照有关规定及时向所在机构或者卫生行政部门报告"。[①] 医师在执业中须履行的报告义务包括传染病疫情的报告义务。《医疗事故处理条例》和《传染病防治法》也分别规定了医师对医疗事故的报告义务和传染病疫情的报告义务。然而医师的警戒义务不仅限于传染病疫情,还应当包括群体性不明原因疾病、重大食物和职业中毒以及其他严重影响民众健康的事件。医师警戒义务具体包括以下几方面内容:(1)警戒义务的主体是医务人员;(2)医务人员在临床工作中发现可能严重影响民众健康的事件;(3)医务人员需警戒的对象包括可能造成公民健康严重损害的重大传染病疫情、群体性不明原因疾病、重大食物和职业中毒以及其他严重影响民众健康的事件;(4)义务人员应当向有关卫生行政部门报告。

[①] 现行《医师法》第33条规定,"在执业活动中有下列情形之一的,医师应当按照有关规定及时向所在医疗卫生机构或者有关部门、机构报告:(一)发现传染病、突发不明原因疾病或者异常健康事件;(二)发生或者发现医疗事故;(三)发现可能与药品、医疗器械有关的不良反应或者不良事件;(四)发现假药或者劣药;(五)发现患者涉嫌伤害事件或者非正常死亡;(六)法律、法规规定的其他情形"。

2. 鼓励医务人员积极履行医师警戒义务。鼓励医务人员积极履行医师警戒义务包括两方面内容：一是医务人员在履行报告义务中仅存在过失的，免除其法律责任，以免医务人员承担法律责任之忧；二是国家奖励积极履行报告义务，避免公民健康受到危害的医务人员。

第五十三条 【疑难重大手术谈话录音制度】

二级以上医疗机构对于四级手术、试验性医疗行为和首次开展的新技术，应当组织医患双方履行术前告知，并在征得患者同意后，知情同意谈话全程录音或录像，并作为病历组成部分保存备查。

【立法说明】

本条是关于疑难重大手术谈话录音制度的规定。

疑难重大手术谈话录音制度的主要内容包括以下几点：（1）主体为二级以上医疗机构；（2）疑难重大手术包括四级手术、试验性医疗行为和首次开展的新技术；（3）征得患者同意；（4）在征得患者同意后，知情同意谈话全程录音或录像，并作为病历组成部分保存备查。

疑难重大手术谈话录音制度是落实患者知情同意权的制度之一。该制度一方面能够帮助患者行使知情同意权，另一方面是预防、解决医疗纠纷的重要手段。因疑难重大手术相较普通医疗行为更易引发医疗纠纷，全程录音或录像并作为病历保存有利于纠纷发生后的纠纷解决。具体要求如下：第一，医疗机构制作的知情同意书应当一式两份，在患者或近亲属签字后，交其保存一份。第二，多数恶性医疗纠纷与外科手术相关，而知情同意的内容往往会成为纠纷双方争议最集中的环节。医务人员不应将手术、特殊检查和治疗前的知情同意视为免责或自我保护的举措，而应将知情同意视为教育患者的过程给予重视和看待。第三，县级以上医疗机构应该落实手术分级管理制度，对于四级手术，应该由医疗服务质量监控部门负责组织医患双方履行术前告知，并在争得患者同意后，谈话全程录音备查。

第五十四条 【患者的诊疗协力义务】

患者应当如实向医务人员告知与诊疗活动有关的病情、病史等情况，配合医务人员进行必要的检查和治疗，患者未尽到诊疗协力义务，影响医务人员的专业判断或治疗效果，造成误诊等损害后果的，医疗机构不承担法律责任。

【立法说明】

本条是关于患者诊疗协力义务的规定。

疾病是医师和患者的共同敌人，疾病的治愈是医师与患者的共同责任。患者求医问诊的目的是治愈疾病，医师治疗的目的是利用其知识和临床技能保护并使患者恢复健康，这些目的能否有效达成，不仅取决于医疗行为是否妥当，也与患者及其家属的配合密切相关，需要在相互尊重、各行其责及诚信可靠基础上实现。患者应当充分信任医师，积极配合医疗机构诊治，并按照自己所选择的治疗方针专心治疗。

1.患者诊疗协力义务的内容。

（1）如实向医务人员告知与诊疗活动有关的病情、病史等情况。患者在就医时，应当向医师如实陈述病史和病情，尽可能正确地传达其健康信息，既不夸大目前的病情，也不隐瞒过往病史，以便于医师对其病情作出正确的诊断和治疗。患者的陈述义务较为广泛，凡与病情确定和疾病治疗相关的信息均应向医师交代，包括在来医院就诊前的用药情形。

（2）配合医务人员进行必要的检查和治疗。《执业医师法》第21条第1项规定，医师在执业活动中享有在注册的执业范围内，进行医学诊查、疾病调查、医学处置的权利。①据此，患者负有接受医师的诊治和检查的义务。医学诊查和疾病调查是确定病情、制订治疗方案最终治愈疾病的重要途径，为了更好更快地治愈疾病，患者有义务配合医师合理地检查和治疗，如果因

---

① 现行《医师法》第22条第1项规定，"医师在注册的执业范围内，按照有关规范进行医学诊查、疾病调查、医学处置、出具相应的医学证明文件，选择合理的医疗、预防、保健方案"。

患者个人的原因延误诊疗，医师对因此而产生的相应后果不承担法律责任。而且，患者还应遵守医嘱，随时配合医师的治疗。

2. 不履行诊疗协力义务的后果。患者未尽到诊疗协力义务，影响医务人员的专业判断或治疗效果，造成误诊等损害后果的，医疗机构不承担法律责任。例如，患者应遵守医嘱，随时配合医师的治疗。如果患者因不遵守医嘱而造成不良后果，医师对此不承担责任。《民法典》第1224条明确规定，当"患者或者其近亲属不配合医疗机构进行符合诊疗规范的诊疗"造成损害时，医疗机构不承担赔偿责任，除非医疗机构及其医务人员也有过错的，才应当承担相应的赔偿责任。

第五十五条【患者遵守医疗机构规章制度的义务】
患者及其陪同人员有义务遵守国家法律法规及医疗机构的管理制度和诊疗秩序。

【立法说明】

本条是关于患者遵守医疗机构规章制度的规定。

医院和医务人员承担着救死扶伤的神圣职责，为确保这一职责的更好实现，医院制定了诸多规章制度，如住院规则、禁止吸烟、限制探访时间和探访人数等规定。患者及其陪同人员有义务遵守国家法律、法规及医疗机构的管理制度和诊疗秩序，遵守医疗机构的诊疗秩序，尊重医务人员，维持院内秩序，以便所有患者都能在舒适的环境中接受妥当的诊疗。尤其要注意的是，《执业医师法》第3条第2款规定，全社会应尊重医师。[①] 医师依法履行职责，受法律保护。医师享有"在执业活动中，人格尊严、人身安全不受侵犯"的权利。阻碍医师依法执业，侮辱、诽谤、威胁、殴打医师或者侵犯医师人身自由、干扰医师正常工作、生活的，依照治安管理

[①] 现行《医师法》第3条第2款规定，"医师依法执业，受法律保护。医师的人格尊严、人身安全不受侵犯"。

处罚条例的规定处罚；构成犯罪的，依法追究刑事责任。《治安管理处罚法》第 23 条第 1 款第 1 项规定，扰乱机关、团体、企业、事业单位秩序，致使工作、生产、营业、医疗、教学、科研不能正常进行，尚未造成严重损失的，处警告或者 200 元以下罚款；情节较重的，处 5 日以上 10 日以下拘留，可以并处 500 元以下罚款。该条第 2 项还规定，聚众实施前款行为的，对首要分子处 10 日以上 15 日以下拘留，可以并处 1000 元以下罚款。《民法典》第 1228 条也明确规定，医疗机构及其医务人员的合法权益受法律保护。干扰医疗秩序，妨碍医务人员工作、生活，侵害医务人员合法权益的，应当依法承担法律责任。

第五十六条【医疗过错与注意义务】

医疗机构及其医务人员在医疗活动中违反应尽的注意义务，导致患者人身、健康损害的，应当承担相应法律责任。医务人员应当遵守医疗卫生管理法律、行政法规、部门规章和诊疗护理规范、常规的义务，应当为患者提供当时医疗水平相应的诊疗义务。

【立法说明】

本条是关于医疗过错与注意义务的规定。

1. 医疗过错。过错是医疗机构承担侵权责任的前提条件，只有在医疗机构因过错导致患者合法权益损害的情况下，医疗机构才承担侵权责任。对此，我国《民法典》第 1218 条规定："患者在诊疗活动中受到损害，医疗机构或者其医务人员有过错的，由医疗机构承担赔偿责任。"在医疗损害赔偿责任中，医疗过错主要表现为过失，即医疗机构及其医务人员因违反注意义务导致患者损害的情形。医疗过失，是指医疗机构及其医务人员在医疗活动中违反应尽的注意义务，导致患者人身、健康损害的情形。可见，医疗过失主要包含三层含义：（1）医疗机构及其医务人员对患者负有注意义务；（2）医务人员实施了违反注意义务的医疗行为；（3）医疗行为导致患者损害。因此，认定医疗过失的关键在于注意义务的界定以及违反注意义务的认定标准与方法。

2. 注意义务。关于医务人员注意义务的规定，具体包括以下几方面内容：

（1）医务人员注意义务的来源。医方注意义务最主要的来源是医疗法律法规、诊疗护理规范、常规和诊疗惯例的直接规定。也就是说，法定义务是医方最主要的义务来源，即使双方在医疗合同中没有约定，也不影响其对医方的直接约束力。同时，合同的自愿性也不排除医患之间就某些特定事项进行特别的约定，医方在医疗合同中的特别承诺和依约定所承担的义务，也属于医方义务的来源。

（2）医疗过失的认定标准。长期以来，我国对医疗过失的认定并未确立统一的标准。实践中，对于医疗行为是否违反注意义务而构成过失或不适当履行，都交给专家鉴定予以解决，实际上是以医学专业标准替代法律标准来认定过失，这并不利于医疗纠纷的公平解决。《民法典》第1221条将医疗水平作为认定医师注意义务的标准，规定医疗机构未尽到与当时的医疗水平相应的诊疗义务，造成患者损害的，应当承担赔偿责任。同时，《民法典》第1222条第1项规定，医疗机构违反了法律、行政法规、规章和其他有关诊疗规范的规定，造成患者损害的，应推定有过错。事实上，医疗法律法规和规章一般并不规定医方在诊疗过程中的具体义务，而更多地体现在"其他诊疗规范中"，那么该条仍以"诊疗规范"作为过失的认定标准，是否与医疗水平标准完全一致呢？尤其值得关注的是，最高人民法院《关于审理医疗损害责任纠纷案件适用法律若干问题的解释》（以下简称《解释》）第16条规定："对医疗机构及其医务人员的过错，应当依据法律、行政法规、规章以及其他有关诊疗规范进行认定，可以综合考虑患者病情的紧急程度、患者个体差异、当地的医疗水平、医疗机构与医务人员资质等因素。"该条直接将"法律、行政法规、规章以及其他有关诊疗规范"作为医疗过错的认定标准，但不能表明"医疗水平"实际上就是"诊疗规范"。

医疗水平无疑是十分抽象的概念，由于这一概念模糊不清，医疗过失的认定标准仍然令人捉摸不透、难以把握。因此，正确理解和界定"当时的医疗水平"成为实务中认定医疗过失的关键。同时，认定医疗过失除了考虑医师的一般注意义务和医疗水平之外,还应考虑其他因素予以确定。对此,《解释》第 16 条明确规定,认定医疗过错"可以综合考虑患者病情的紧急程度、患者个体差异、当地的医疗水平、医疗机构与医务人员资质等因素"。

第五十七条【医疗免责与抗辩事由】

患者有损害,因下列情形之一的,医疗机构不承担赔偿责任:

(一)患者或者其近亲属不配合医疗机构进行符合诊疗规范的诊疗;

(二)医务人员在抢救生命垂危的患者等紧急情况下已经尽到合理诊疗义务;

(三)限于当时的医疗水平难以诊疗。

前款第一项情形中,医疗机构及其医务人员也有过错的,应当承担相应的赔偿责任。

【立法说明】

本条是关于医疗免责与抗辩事由的规定。

免责事由,是指行为人对其行为所导致的损害基于某种法定理由而不承担责任的情形。在侵权诉讼中,免责事由是被告对抗原告诉讼请求、免除或减轻自身责任的重要途径,是被告维护自身权益的重要法律武器。由于疾病的复杂性、患者个体差异性和人类认识能力的有限性以及医学技术的局限性必然造成医疗行为充满着不确定性和高风险性,为合理分配医疗风险,促进医学技术的创新和发展,有必要确立医疗过失的特殊免责事由。对此,《民法典》第 1224 条规定了三种免责事由:(1)患者或者其近亲属不配合医疗机构进行符合诊疗规范的诊疗;(2)医务人员在抢救生命垂危的患者等紧急情况下已经尽到合理诊疗义务;(3)限于当时的医疗水平难以诊疗。

其中第(1)项"患者或者其近亲属不配合医疗机构进行符合诊疗规范的诊疗"所规定的内容即受害人过错,指受害人对损害的发生或扩大具有过错。如果损害发生完全是由受害人自身过错导致的,被告并无过错,则由受害人自己承担损害,被告可完全免责;如果对损害发生和扩大,双方都存在过错,根据《民法典》第1173条规定,被侵权人对同一损害的发生或者扩大也有过错的,可以减轻侵权人的责任,此即受害人的过错的情形。例如,在医疗过程中患者有协力的义务,如实陈述病情、遵守医嘱、按时服药、按时随诊等,但若由于患者或其近亲属不配合治疗导致不良后果的,医疗机构可免予承担责任,但其前提条件是医疗机构及其医务人员已履行注意义务,在医疗过程中不存在过失。对此,《民法典》第1224条规定,患者或者其近亲属不配合医疗机构进行符合诊疗规范的诊疗,医疗机构不承担赔偿责任。

第五十八条 【医疗紧急避险原则与自甘风险原则】

为了使患者的人身和其他权利免受正在发生的危险,不得已而采取的损害较小合法利益,以保护较大合法权益的行为,医疗机构不承担赔偿责任。

在没有替代方案的情况下,为挽救患者生命或提高患者生活质量,患者自愿接受高风险医疗活动的,医疗机构不承担赔偿责任。

【立法说明】

本条是关于医疗紧急避险与自甘风险的规定。

1. 医疗紧急避险。医疗紧急避险,是指为了使患者的人身和其他权利免受正在发生的危险,不得已而采取的损害较小合法利益,以保护较大合法权益的行为。医疗机构因紧急避险行为所引起的损害不承担赔偿责任。

紧急避险的要件:(1)有正在发生的危险;(2)避险的目的是患者的人身和其他权利免遭危害;(3)避险所造成的损害应当小于危险所造成的损失。

紧急避险的责任:如果危险并非医疗机构的原因引起的,则紧急避险人不承担责任;如果危险是由于采取不当或者超过必要限度而造成不应有的损失的,紧急避险人应当承担相应的责任。

2. 自甘风险。自甘风险即受害人同意，是指受害人事前明确作出自愿承担某种损害后果的意思表示。在没有替代方案的情况下，为挽救患者生命或提高患者生活质量，患者自愿接受高风险医疗活动的，医疗机构不承担赔偿责任。

在大陆法系国家，自甘风险是侵权行为免责的事由之一。在英美法系中，自甘风险（Assumptionofrisk）也是美国许多州所确立的侵权行为违法性阻却的事由之一。在我国民法中，一般认为受害人对其财产侵害的同意，等同于对自己财产的处分或抛弃，只要出于其真实意愿且不损害社会利益和他人利益，就可以作为侵害人的免责事由。然而，由于人身权与人身不可分离，不能由受害人转让或抛弃。因此，受害人同意他人侵害其人身权，通常构成对公共秩序和社会公德的违背，一般是予以禁止的。

自甘风险的成立条件：（1）目的是挽救患者生命或提高患者生活质量；（2）在没有可以替代方案的情况下；（3）患者自愿接受高风险的医疗活动。

《民法典》第506条规定，"造成对方人身伤害的"免责条款无效。因此，在医疗合同中，免除医疗机构损害赔偿责任的条款并无效力，但患者同意是取得医疗行为合法性、正当性的前提，也是医疗机构免除医疗风险的重要途径，患者同意在医患关系中仍具有十分重要的意义。

对于医疗行为中患者的同意，应注意以下问题：（1）患者的同意必须建立在医师充分说明的基础上；（2）患者的同意必须在损害发生前并以明示的方式作出；（3）患者的同意构成免责事由的前提条件是医疗机构对损害的发生没有过错，如果医师疏于注意而导致患者损害发生的，即使事先取得患者的同意，也不能因此而免除责任。对于手术同意书中的免责条款，如规定"如有意外，医师不负责任"，一般认为其违背公序良俗而无效。可见，患者的同意并不必然免除医方的责任，只有在医师履行其必要的注意义务仍不能避免损害发生，或者该不利后果事先取得患者同意时，医方方可因此免责。

第五十九条 【急救患者的医疗可及性保障】

急救医疗服务属于公共卫生服务,全部纳入国家医疗保险范畴。医疗机构的急救车辆属于特种车辆,免征增值税和消费税,免收高速通行费和停车费。

执行院前医疗急救任务的急救车辆应当每辆配备三名以上医疗急救人员,其中至少包括一名医师或者护士、医疗救护员。

医疗救护员应当符合下列基本条件:

(一)身体健康;

(二)具有高中以上学历;

(三)已接受急救中心组织的不少于两个月的医疗急救知识与技能培训,并经考核合格。

医疗救护员的具体管理办法由国务院卫生健康部门会同国务院人力资源和社会保障部门制定。

【立法说明】

本条是关于急救患者医疗可及性保障的规定。

急救医疗,是指对危及生命的突发急症、创伤、中毒者的抢救治疗,包括院前急救和院内急救。关于"急救医疗",目前我国尚未有一部全面系统的法律或行政法规来规范,但国内不少地方立法已开始进入"试水"阶段。如《广州市社会急救医疗管理条例》将社会急救医疗定义为:对急、危、重伤病员的事发现场和转送医院途中的急救医疗。2013年10月,国家卫生计生委颁布《院前医疗急救管理办法》,将院前医疗急救定义为:由急救中心(站)和承担院前医疗急救任务的网络医院按照统一指挥调度,在患者送达医疗机构救治前,在医疗机构外开展的以现场抢救、转运途中紧急救治以及监护为主的医疗活动。如何保证急救患者的医疗可及性是立法的一个重大问题。

保障急救患者医疗可及性的具体内容包括:

1. 急救医疗服务属于公共卫生服务,全部纳入国家医疗保险范畴。

2.医疗机构的急救车辆。(1)医疗机构的急救车辆属于特种车辆;(2)免征增值税和消费税,免收高速通行费和停车费;(3)执行院前医疗急救任务的急救车辆应当每辆配备三名以上医疗急救人员,其中至少包括一名医师或者护士、医疗救护员。

3.对医疗救护员的要求。医疗救护员应当符合下列基本条件:(1)身体健康;(2)具有高中以上学历;(3)已接受急救中心组织的不少于两个月的医疗急救知识与技能培训,并经考核合格。

4.医疗救护员的具体管理办法由国务院卫生健康主管部门会同国务院人力资源和社会保障部门制定。

第六十条 【超说明书用药】

医师在以下情况下可以合理的超说明书用药:

(一)在影响患者生活质量或危及生命的情况下,无合理的可替代药品;

(二)用药目的不是试验研究;

(三)有合理的医学实践证据支持超说明书用药;

(四)经医院药事管理委员会或伦理委员会批准;

(五)告知患者超说明书用药的性质和该用法可能出现的各种不可预测的危险,并在患者表示理解后签署知情同意书。

【立法说明】

本条是关于超说明书用药的规定。

1992年美国医院药师协会将超药品说明书用药界定为"适应症、给药方法、剂量在FDA(美国食品药品监督管理局)批准的药品说明书之外的用法"。目前超药品说明书用药在国内外较为普遍。美国有21%的药品存在超说明书用药,成人用药占7.5%~40%,儿科用药占50%~90%。据一项针对我国31个省、436所具备儿科资质的医院、2116名医务人员的调查,

63.8%的医师有开具超说明书用药处方的经历，18.8%的医师经常超说明书用药，19.4%医师超说明书用药时都没有得到药师或护士提醒。药师发现过医师超说明书用药的情况是普遍存在的，且仅有6.9%~8.8%的护士面对医师超说明书用药会选择拒绝执行医嘱。在实践中，超说明书用药的产生有两个原因：一是临床实践的客观需求，超说明书用药产生的核心原因在于药品说明书的更新在一定时期内会滞后于临床实践的发展。新药批准时往往基于有限的临床试验数据，而药品上市后经过大量的临床实践可能会有很多新的发现。二是医药企业的利益考量，一种药品可能有多种用法，但药品生产企业往往会选择最为容易通过注册审批的药品进行研究。

我国对新增适应症等缺乏相应制度保障，《药品注册管理办法》第12条规定，对已上市药品改变剂型、改变给药途径、增加新适应症的药品注册按照新药申请的程序申报。第65条规定，改变剂型但不改变给药途径，以及增加新适应症的注册申请获得批准后不发给新药证书；靶向制剂、缓释、控释制剂等特殊剂型除外。已上市药品新增适应症必须按规定开展临床试验，所需成本几乎与新药申请相当，但却无法获得新药证书。因此，药品生产企业对新适应症的研发积极性普遍不高，不愿主动向药品监管部门提出相应申请，导致药品说明书内容滞后于临床最新实践。

目前，美国、法国、德国、意大利、荷兰、新西兰、印度和日本已有超说明书用药相关立法，除印度禁止超说明书用药外，其余7国均允许合理的超说明书用药。其中，美国《食品、药品和化妆品法》规定，超说明书用药须同时具备：（1）无合理的可替代药品；（2）用药目的不是试验研究；（3）保护患者的知情权（根据危险程度、偏离标准操作的程度和用药目的等因素决定是否书面，建议务必书面）；（4）有充分的文献报道，以证明用药合理且具有科学依据。此外，美国医疗保险和医疗补助服务中心发布的《医疗保险福利政策手册》第十五章第50.4.2小节指出，如果所用超说明书用药已被收入主流医疗汇编、权威医疗文献，或已成为现行常用医疗手段，且保险公司在查阅文献后认为这种用药是可接受的，则该超说明书用药可以被保险覆盖。

2010年、2014年和2017年,广东省药学会分别印发了《药品未注册用法专家共识》《医疗机构超药品说明书用药管理专家共识》和《超药品说明书用药目录(2017年版)》,提出超说明用药的规范建议,主要包括:(1)超说明书用药的目的只能是为了患者的利益;(2)充分考虑药品不良反应、禁忌症、注意事项等,权衡患者获得的利益和可能带来的风险,保证该药物治疗方案是最佳方案,以保障患者利益最大化;(3)有合理的医学证据支持超说明书用药;(4)须经医院相关部门批准并备案;(5)超说明书用药需保护患者的知情权并尊重其自主决定权;(6)定期评估,防控风险。

由相关学会、协会等社会团体发布的专家共识尽管是有益的尝试,但其本质上并不具备法律效力,在司法实践中难以作为超说明书用药的抗辩事由,其面临"合情合理,但不合法"的境遇。对此,我国应尽快就超药品说明书予以规范。具体而言,医务人员在符合超说明书用药条件、操作流程规范的前提下,依据循证临床指南(具体体现为国家法定的超说明书用药共识)而超药品说明书用药的,应适用免责条款;药品生产企业销售的药品说明书标示不够清晰准确,又不及时进行补充说明,且超药品说明书用药的医务人员在合理诊疗范围内,药品生产企业应当承担超范围用药引发纠纷的相应责任。

综上所述,医师在以下情况下可以合理地超说明书用药:(1)在影响患者生活质量或危及生命的情况下,无合理的可替代药品;(2)用药目的不是试验研究;(3)有合理的医学实践证据支持超说明书用药;(4)经医院药事管理委员会或伦理委员会批准;(5)告知患者超说明书用药的性质和该用法可能出现的各种不可预测的危险,并在患者表示理解后签署知情同意书。

第六十一条 【过度医疗与惩罚性赔偿】

医疗机构及其医务人员违反诊疗规范实施不必要的检查或治疗，造成患者人身或财产损害的，受害人有权要求医疗机构赔偿损失，并有权要求所受损失二倍以下的惩罚性赔偿。

【立法说明】

本条是关于过度医疗与惩罚性赔偿的规定。

《民法典》第1227条对过度医疗作了禁止性规定，医疗机构及其医务人员不得违反诊疗规范实施不必要的检查，但并没有明确规定医疗机构及其医务人员承担的责任。这条规定尚需进一步完善。首先，该条只规定了禁止"不必要的检查"，而没有包括"不必要的治疗"。其次，只禁止违反诊疗规范实施的"不必要的检查"，而实际情况是不违反诊疗常规也存在过度医疗问题。最后，认定"是否必要"缺乏法律上的标准。

本条主要规定了以下内容：

1. 过度医疗，是指医疗机构及其医务人员违反诊疗规范实施不必要的检查以及不必要的治疗的行为。过度医疗包括医疗机构及其医务人员违反诊疗规范所实施的"不必要的检查"，同时也包括"不必要的治疗"。

2. 受害人要求医疗机构赔偿的需要有损害结果，即医疗机构及其医务人员的过度医疗行为造成了患者人身或财产损害、人身损害，是指受害人的生命、健康、身体和人身权益遭受损害，造成伤残、死亡以及其他损害后果。

患者在满足以上两个条件的情况下有权要求所受损失二倍以下的惩罚性赔偿。此处所说的赔偿是指金钱赔偿，患者的生命、健康、身体和人身权益遭受损害，造成伤残、死亡以及其他损害后果的，有权请求侵权人以财产赔偿的方式予以救济和抚慰，且该赔偿是一种惩罚性赔偿，而非普通的填补损害的赔偿。惩罚性赔偿，又称示范性赔偿或报复性赔偿，是指由法庭所作出的赔偿数额超出实际损害数额的赔偿。惩罚性赔偿是加重赔偿的一种原则，目的是在针对被告过去故意的侵权行为造成的损失进行弥补之外，对被告进行处罚以防止将来重犯，同时也达到惩戒他人的目的；如果被告的侵权行为是基于收益大于赔偿的精心算计，也可以给予惩罚性赔偿，在这种情况下如果只同意给予补偿性赔偿，侵权人只是相当于事后通过赔偿补办手续，但没有任何风险。医疗机构的过度医疗行为不仅有可能侵犯患者的财产权，还有可能损害患者的身体权和健康权，为了杜绝这种行为，本条规定增加了惩罚性赔偿的内容。

第六十二条 【医疗保险欺诈行为】

社会保险经办机构以及医疗机构、药品经营单位等社会保险服务机构以欺诈、伪造证明材料或者其他手段骗取社会保险基金支出的，由社会保险行政部门责令退回骗取的社会保险金，处骗取金额二倍以上五倍以下的罚款；属于社会保险服务机构的，解除服务协议；直接负责的主管人员和其他直接责任人员有执业资格的，依法吊销其执业资格。

【立法说明】

本条是关于医疗保险欺诈的规定。

医疗保险欺诈，是指公民、法人或者其他组织在参加医疗保险、缴纳医疗保险费、享受医疗保险待遇过程中，故意捏造事实、弄虚作假、隐瞒真实情况等造成医疗保险基金损失的行为。社会医疗保险的有效安全运行，是现代人类生存和发展的重要安全保障，更与整个社会的和谐稳定密切相关。伴随着医疗保险事业的发展，医疗保险基金的支付风险也在不断加大，一些不法分子勾结参保人员，采取冒用医保卡配药或多开、虚开医保药品并予以贩卖等手段骗取医保基金；一些定点医药机构及其工作人员违反医保规定，以虚开医保药品、虚构医疗服务等各种方式套取医保基金，给医疗保险基金造成重大经济损失。目前，医疗保险欺诈等违法违规问题日益突出，已成为关系医保基金安全的民生问题，成为社会医疗保险事业健康发展的绊脚石。

本条主要规定了以下三方面内容：

1. 本条所规范的主体包括社会保险经办机构、医疗机构、药品经营单位等社会保险服务机构。

2. 本条所规范的行为模式包括以欺诈、伪造证明材料或者其他手段骗取社会保险基金支出。

3. 法律后果为：(1) 由社会保险行政部门责令退回骗取的社会保险金；(2) 处骗取金额二倍以上五倍以下的罚款；(3) 属于社会保险服务机构的，解除服务协议；(4) 直接负责的主管人员和其他直接责任人员有执业资格的，依法吊销其执业资格。

第六十三条 【未成年患者权利的特殊保护制度】

患者是未成年人且无法作出合理判断的，医疗机构及其医务人员对该患者的医疗行为要经过其法定代理人同意。年满八周岁的未成年患者能做出合理判断的场合，法定代理人、医疗机构及其医务人员必须尊重其参与知情同意的权利。

患者的法定代理人未根据未成年患者最佳利益作出决定的，医务人员有义务基于有关的法律或惯例提出异议，并获医疗机构负责人或者授权的负责人批准后方可实施。

【立法说明】

本条是关于未成年患者权利特殊保护制度的规定。

1. 未成年患者的知情同意权。患者是未成年人时，医疗机构及其医务人员的医疗行为要充分考虑到患者的判断能力，对于医疗机构采取治疗或不治疗、如何治疗等手段，未成年人的判断不尽然是不合理的，因此，应当在实务中予以区分：此时应当遵守患者利益至上的原则，如果医师根据判断认为患者的代理人没有根据未成年人患者的利益作出决定，则有义务提出异议。

（1）当患者是未成年人且无法作出合理判断的，患者的知情同意由法定代理人代其行使，医疗机构及其医务人员对该患者的医疗行为要经过其法定代理人同意。

（2）年满8周岁的未成年患者能做出合理判断的场合，未成年人法定代理人、医疗机构及其工作人员应当尊重未成年人的意愿，尊重其知情同意的权利。

（3）患者的法定代理人代位行使患者的知情同意权应当遵守患者利益至上的原则，如果医师根据判断认为患者的代理人没有根据未成年人患者的利益作出决定，则有义务基于有关的法律或者惯例提出异议，并且经获医疗机构负责人或者授权的负责人批准后方可实施。

以上内容实际是采取以保护未成年人的知情同意权为核心，保护未成年患者其他权利的方式，1981年世界医师协会《里斯本宣言》中提到，（1）患者是未成年人或者法律上无能力者时，根据法域而需要法定代理人的同意。即使如此，只要患者的能力允许，仍应让患者参与意思决定。（2）法律上无能力的患者能作出合理判断的场合，必须尊重其意思决定，且患者有权禁止向法定代理人开示信息。（3）如果患者的法定代理人或者从患者处获得授权的人禁止了从医师的立场看符合患者最佳利益的治疗时，对于其决定，医师有义务基于有关的法律或者其他惯例提出异议。

2. 关于未成年患者能做出合理判断的场合。判断未成年人是否能够作出合理判断、有无同意能力，应确立三个标准：（1）对医疗方案的内容和程序是否具有充分的理解和评价能力；（2）对医疗方案的选择是否具有准确的逻辑思考和判断能力；（3）对医疗方案的实施后果是否具有相应的推理和承受能力。同时符合这三个标准的患者，即具备了同意能力。

第六十四条 【精神障碍患者权利的特殊保护制度】

患者是精神障碍者且无法作出合理判断的,医疗机构及其医务人员对该患者的医疗行为要经过其法定代理人同意。在能力允许的情况下,精神障碍者能做出合理判断的场合,代理人、医疗机构及其工作人员必须尊重其参与知情同意的权利。患者的法定代理人未根据精神障碍者最佳利益作出决定的,医务人员有义务基于有关的法律或惯例提出异议,并获医疗机构负责人或者授权的负责人批准后方可实施。

【立法说明】

本条是关于精神障碍患者权利特殊保护制度的规定。

1. 患者是精神障碍者且无法作出合理判断的,医疗机构及其医务人员对该患者的医疗行为要经过其法定代理人同意。

精神障碍患者属于社会弱势群体,且一部分精神障碍患者无法作出合理的判断,需要长期服药和家庭照顾,法律赋予精神障碍患者以受监护权,精神障碍患者的监护人应当履行监护职责,维护精神障碍患者的合法权益。诊断结论表明需要住院治疗的精神障碍患者,本人没有能力办理住院手续的,由其监护人办理住院手续;精神障碍患者出院,本人没有能力办理出院手续的,监护人应当为其办理出院手续。精神障碍患者的监护人应当妥善看护未住院治疗的患者,按照医嘱督促其按时服药、接受随访或者治疗。基于此,医疗机构及其医务人员对精神障碍患者所采取的医疗行为要经过其法定代理人同意,由监护人维护精神患者的合法权益。

2. 在能力允许的情况下,精神障碍者能做出合理判断的场合,代理人、医疗机构及其工作人员必须尊重其参与知情同意的权利。

有学者曾就保护临床实践和机构操作中所遇到的人权保护问题提出了 FREDA 原则,即在以人为本的方法本质上坚持以公平(fairness)、尊重(respect)、平等(equality)、尊严(dignity)和自主(autonomy)为核心价值观。医疗机构及其医务人员应当将精神障碍患者在诊断、治疗过程中享有的权利，告知患者或者其监护人。医疗机构及其医务人员应当遵循精神障碍诊断标准和治疗规范，制订治疗方案，并向精神障碍患者或者其监护人告知治疗方案和治疗方法、目的以及可能产生的后果。医疗机构不得因就诊者是精神障碍患者，推诿或者拒绝为其治疗属于本医疗机构诊疗范围的其他疾病。在精神障碍者能作出合理判断的场合，代理人、医疗机构及其工作人员必须尊重其参与知情同意的权利。

3. 患者的法定代理人未根据精神障碍者最佳利益作出决定的，医务人员有义务基于有关的法律或惯例提出异议，并获医疗机构负责人或者授权的负责人批准后方可实施。

患者的法定代理人代位行使患者的知情同意权应当遵守患者利益至上原则，如果医师根据判断认为患者的代理人没有根据精神障碍患者的利益作出决定，则有义务基于有关的法律或者惯例提出异议，并且经获医疗机构负责人或者授权的负责人批准后方可实施。

第六十五条 【实验性医疗行为中患者权利的保障】

医疗机构进行实验性医疗行为必须告知患者实验性医疗的目的、期限、操作、患者预期可能的受益或风险等相关内容，为实验性医疗患者提供保护措施，经患者同意，签署专门的《实验性医疗行为知情同意书》，并受伦理委员会的监督和审核。

【立法说明】

本条是关于实验性医疗行为中患者权利保障的规定。

实验性医疗行为，是指以开发、改善医疗技术及增进医学新知识为目的，对人体进行医疗技术、药品或医疗器械试验研究的行为。实验是人类在生物医药科技进步过程中的必经环节，任何经过动物试验的新药品、新器械和新的治疗方法最后都必须经过临床试验才能进入临床并广泛应用于人体。

使用危险与疗效均属未知的新药物或新技术，其目的主要是医学进步，而诊疗的目的居于次要地位。在实验性医疗行为中对患者权利的保障要求，医疗机构进行实验性医疗行为时应当同时满足以下条件：

1. 必须告知患者实验性医疗的目的、期限、操作、患者预期可能的受益或风险等相关内容，包括作为实验性临床治疗及医学科学试验对象的特别告知。在实施新的实验性临床医疗方法时，该方法的理论依据、成熟程度、风险概率、前期临床试验情况尤其要详细说明，如一些价格昂贵的进口药品、医疗器械的使用；按照患者的要求提供医疗费结果等信息，医师应该以医疗上通用的方式加以说明，使患者充分了解该医疗行为对身体可能产生的侵害，以便决定是否同意接受该项医疗行为的实施。例如，采用某些放射疗法、化学疗法、激光疗法以及疗效尚未得到验证的药物疗法，医师必须对患者进行全面的、真实的、有效的说明，在此基础上取得患者的同意。

2. 为实验性医疗患者提供保护措施。保护性医疗措施，是指在对病人治疗的同时采取的一切维护病人的身心健康和有利于疾病的恢复的措施。我国《民法典》第1219条不仅规定了医务人员在诊疗活动中向患者说明"病情和医疗措施"的义务，还规定了在需要实施手术、特殊检查、特殊治疗时向患者告知"替代医疗方案"的义务。

3. 经患者同意，签署专门的《实验性医疗行为知情同意书》。知情同意（informed consent），是指向受试者告知一项试验的各方面情况后，受试者自愿确认其同意参加该项临床试验的过程，须以签名和注明日期的知情同意书（informed consent form）作为文件证明。为了切实地保障受试者的个人权益，受试者在参与临床试验之前必须签订知情同意书。研究者需向受试者说明实验性质、实验目的、可能的受益和风险、可供选用的其他治疗方法以及受实者的权利和义务等，使受试者充分了解后表达其同意。《执业医师法》第26条规定，"医师应当如实向患者或者其家属介绍病情，但应注意避免对患者产生不利后果。医师进行实验性临床医疗，应当经医院批准并征得患者本人或者其家属同意"。①

4.受伦理委员会的监督和审核。为了确保试验的科学性和可靠性,确保试验过程符合人类社会的伦理要求的人格和权利,临床试验必须由试验方以外的第三方——伦理委员会对其行监督和审核,伦理委员会与知情同意书是保障受试者权益的两项主要措施。伦理委员会,是指由医学专业人员、法律专家及非医务人员至少5人组成的独立组织,其职责为核查临床试验方案及附件是否合乎道德,确保受试者的安全、健康和权益受到保护。

第六十六条 【安宁疗护与患者死亡质量保障】

安宁疗护必要服务项目均纳入基本医疗保险范畴,安宁疗护必备药物均纳入基本医疗保险药品目录。

国家建立医学预嘱电子注册制度,将公民医学预嘱信息纳入国家全民健康信息化和健康医疗大数据规划中。医疗机构共享查询公民医学预嘱电子注册信息,保护患者自主决定权和隐私权。医学预嘱电子注册管理办法由国务院卫生健康部门制定。

【立法说明】

本条是关于安宁疗护与患者死亡质量保障的规定。

1.安宁疗护必要服务项目均纳入基本医疗保险范畴,安宁疗护必备药物均纳入基本医疗保险药品目录。

2002年世界卫生组织为安宁疗护作了如下定义:安宁疗护是用来提高面临威胁生命的疾病问题的患者和家属的生命质量的方式,通过早期诊断、认真评价、控制疼痛和其他问题(包括身体上、心理上、精神上),预防和解除痛苦。纳入基本医疗保险范畴的安宁疗护的必要服务项目在我国台湾地区中的内容主要包括:(1)评估患者身体状况,给予镇痛治疗;(2)运用非处方进行护

---

① 现行《医师法》第26条规定,"医师开展药物、医疗器械临床试验和其他医学临床研究应当符合国家有关规定,遵守医学伦理规范,依法通过伦理审查,取得书面知情同意"。

理，帮助患者进行日常活动，提升患者生活质量；(3)倾听患者和家属的倾诉，缓解焦虑和丧亲之痛；(4)为患者提供信仰支持；(5)指导家属掌握护理患者的技巧，协调家庭沟通；(6)提供费用补助等，让患者和家属能够顺利度过临终。立足我国目前的安宁疗护的实际情况，为了进一步推进安宁疗护发展，满足人民群众健康需求，2017年1月25日国家卫生计生委发布了《安宁疗护中心基本标准（试行）》和《安宁疗护中心管理规范（试行）》。同日，国家卫生计生委办公厅发布了《安宁疗护实践指南（试行）》。我国安宁疗护中心是为疾病终末期患者在临终前通过控制痛苦和不适症状，提供身体、心理、精神等方面的照护和人文关怀等服务，以提高生命质量，帮助患者舒适、安详、有尊严离世的医疗机构。安宁疗护实践以临终患者和家属为中心，以多学科协作模式进行，主要内容包括疼痛及其他症状控制，舒适照护，心理、精神及社会支持等。将安宁疗护继续推行的最有效措施就是将安宁疗护必要服务项目均纳入基本医疗保险范畴，安宁疗护必备药物均纳入基本医疗保险药品目录。

2. 死亡质量保障措施。

（1）国家建立医学预嘱电子注册制度，将公民医学预嘱信息纳入国家全民健康信息化和健康医疗大数据规划中。在我国传统文化背景下，患者本人很少预先确定生命末期医疗护理措施的选择，同时由于患者家属对安宁疗护的误解，极少数愿意主动选择安宁疗护。他们担心受到不孝、不义的舆论指责以及内心的自我谴责与煎熬。我国患者家属一般选择对患者隐瞒不良预后的信息，导致患者只能在生命的最后承受无尽的痛苦、毫无尊严的离去。为解决这一问题，早在2009年"选择与尊严"公益网站就发布了一版医学预嘱（《我的五个愿望》）。医学预嘱（Living will），也称预先医疗指示、生前预嘱等，是指人们在健康或意识清楚时预先签署的，说明在不可治愈的伤病末期或临终时要不要接受某种医疗护理的指示。医学预嘱不是要放弃有效治疗或实施安乐死，而是秉承"患者利益至上"和"尊重患者选择"的原则采取的医疗护理举措和方案。国家建立医学预嘱电子注册制度，并将公民的医学预嘱信息纳入国家全民健康信息化和健康医疗大数据规划中，一是推行医学预嘱制度的有效手段，二是可以有效保护患者的自主决定权。

（2）医疗机构共享查询公民医学预嘱电子注册信息，保护患者自主决定权和隐私权。医疗机构共享查询公民医学预嘱电子注册信息能够使医疗机构在患者接受治疗的过程中将患者真实意愿真实有效的接收，同时还应注意保护患者的隐私权不受非法侵害。

（3）医学预嘱电子注册管理办法由国务院卫生健康主管部门制定。

第六十七条 【医疗机构殡葬礼仪保障】

医疗机构应当设立殡葬礼仪制度，对死亡患者及其家属予以尊重。禁止将太平间设置在地下室。

【立法说明】

本条是关于医疗机构殡葬礼仪的规定。

1. 医疗机构应当设立殡葬礼仪制度，对死亡患者及其家属予以尊重。在对于死亡观的调查中，虽然受到个人经历等因素的影响，医生对待死亡的态度不尽相同，但基本上是顺应接受的，能够认识到死亡是一个自然的过程。医务人员应当尊重死者尸体，对尸体进行护理、清洁，保持尸体良好的状态，使病人家属在进行遗体告别时不增加悲伤，这是医护人员对尸体及家属尊重与负责任的一种态度。患者即使已经死亡，也应当得到医疗机构及其医务人员的尊重。

2. 禁止将太平间设置在地下室。目前实践中很多医疗纠纷的出现都是由于医院对患者的尊严没有给予足够的尊重。医务人员的医疗内容不局限于救死扶伤，也为患者提供帮助。医疗的目的是帮助患者，应当建立起生理、心理和社会三个维度的服务体系，太平间的设置就体现了医疗机构对待死者及家属的态度。实践中，有部分医疗机构将太平间设置在地下室，这是对死者及其家属极大的不尊重，很有可能引发医患关系的紧张。例如，2011年北京市《医疗机构太平间建设与殡仪服务技术规范（征求意见稿）》规定："太平间可独立建造或设于医疗病房楼地下室，宜单独设通向医疗机构外的专用通道，遗体运送路线应避免与出入医疗机构主要人流路线交叉。"此规定就没有考虑到要尊重死者及其家属。

第六十八条【患者安全改进通报与奖励制度】

患者有权针对患者安全问题向医疗机构进行投诉。医疗机构应当针对有效、重要的投诉奖励患者。

【立法说明】

本条是关于患者安全改进通报与奖励制度的规定。

对医疗机构的安全问题，患者及其近亲属有投诉的权利，接受患者安全改进的通报也是医疗机构的义务。医疗机构为患者的安全负责，同时患者也对患者安全事件的参与具有直接性和全面性，患者及其近亲属对医疗机构的监督具有直接性和有很大的促进作用。对医疗机构的安全工作进行相关改进，明确规定患者及其近亲属有向有关机关就医疗机构的安全问题进行投诉的权利，有助于更好地保障患者权益，促进医疗机构加强对患者的安全保障，从而减少医患纠纷，促进医疗事业的发展。

医疗机构应当建立健全医患沟通机制，对患者在诊疗过程中提出的咨询、意见和建议，应当耐心聆听、解释、说明，并按照规定进行处理；对患者就诊疗行为提出的疑问，应当及时予以核实、自查，并指定有关人员与患者或者其近亲属沟通，如实说明情况、作出改善。

医疗机构应当建立健全投诉接待制度，设置统一的投诉管理部门或者配备专（兼）职人员，在医疗机构显著位置公布医疗纠纷解决途径、程序和联系方式等，方便患者投诉或者咨询。

同时，为了鼓励患者及其近亲属行使投诉的权利，有关机关可以对针对有效、重要的投诉奖励患者，从而提高患者及其近亲属对医疗机构的安全改进投诉的积极性，形成对医疗机构直接和有效的监督。

第六十九条 【医疗服务改进制度】

医疗机构应当制定防范与处理医疗纠纷的预案，建立处理医疗纠纷工作机制。医疗机构负责人应每个月接待一次患者投诉，并及时予以解决或反馈。

【立法说明】

本条是关于医疗服务改进制度的规定。

1. 医疗机构应当制定防范与处理医疗纠纷的预案。医疗纠纷的解决并非只能依靠法院判决，在诉诸法院甚至医疗纠纷发生之前有很多非诉解决机制可以预防或解决医疗纠纷。医疗机构应每年将医疗纠纷的成因，医疗不良事件情况、预防医疗纠纷的创新机制，医疗安全的改进举措，以及处理医疗纠纷的情况等信息汇总形成医疗纠纷预防与处理年报，报送至县级人民政府卫生健康主管部门，并能从中发现共性问题，总结和提炼改进工作的方法，制定防范与处理医疗纠纷的预案。《医疗事故处理条例》第12条也规定，"医疗机构应当制定防范、处理医疗事故的预案，预防医疗事故的发生，减轻医疗事故的损害"。

2. 建立处理医疗纠纷工作机制。由于种种原因，面对医疗纠纷这一复杂的特殊纠纷，单凭法院予以厘清关系，定分止争是不现实的。市场经济的发展必然推动社会的多元化发展，单一的司法权力结构将会面临更多的危机。虽然树立司法权威在法治社会中必不可少，但一个成熟的法治国家，其社会组成形式必然是多元化的，其社会权力的行使及其组织形式也必然是多元化的。因此，以多元解决机制为依托，使医患之间形成平等对话、协商解决的解纷氛围，最终达到双赢结局。解决医患纠纷的关键在于医患双方当事人应当认真听取对方意见，核实相关信息材料，实事求是，协商解决。

3. 医疗机构负责人应每个月接待一次患者投诉，并及时予以解决或反馈。医疗机构接待投诉实际上也是一种医患沟通机制，本条规定的要点在于强调"医疗机构负责人"应当每个月至少接待一次患者投诉，并对患者投诉内容及时地解决和反馈，在纠纷发生后妥善、及时地处理对于患者的安抚、维护医疗秩序、维护社会稳定至关重要。

> **第七十条 【医疗不良事件通报与奖励制度】**
> 　　国家鼓励医疗机构及其医务人员对临床工作中发现的不良事件进行网络报告，国务院卫生健康主管部门应当建立全国统一的医疗不良事件报告、分析和发布系统，并定期奖励重要的不良事件报告人。

【立法说明】

本条是关于医疗不良事件通报与奖励制度的规定。

1.国家鼓励医疗机构及其医务人员对临床工作中发现的不良事件进行网络报告。随着"以患者为中心"的医疗安全管理理念逐渐深入人心，如何提高医疗服务质量，减少诊疗过程中的医疗风险，保障患者安全已成为社会关注的焦点。医疗安全不良事件最常见的表现形式就是医疗纠纷，由于医患纠纷增多，很多医师感到执业环境恶化，这已在一定程度上影响到了医师队伍的稳定。在被调查的医师中，有的医师对当前所处医疗执业环境不满意，有的医师认为自己的合法权益得不到保护。医疗纠纷不仅给医疗机构和医务人员带来压力，同时还给患者及家庭造成了痛苦和负担，给政府公共卫生财政支出增加了负担，导致更多的经济损失，降低医疗纠纷的社会危害、提高医疗安全水平，已成为构建和谐社会的焦点问题，迫切需要予以重视。

由于医疗行业的特殊性，各种医疗安全不良事件仍时有发生，给患者、医疗机构和社会带来一定的影响。传统的医疗安全不良事件处理方式是被动的"应急应付"，治标不治本。鼓励医疗机构及其医务人员对临床工作中发现的不良事件进行网络报告，利用网络信息手段对不良事件进行监控管理正是对传统处理方式的改进应用，信息的时效性告诉我们，在不同的条件下，信息会发生失值、降值等不同的变化。信息的这一特点要求医疗纠纷投诉接待者必须主动掌握时机，对一些医疗纠纷投诉的信息要及时、系统地收集、整理并主动利用。

2.国务院卫生健康主管部门应当建立全国统一的医疗不良事件报告、分析和发布系统，并定期奖励重要的不良事件报告人。现有报告制度一定程度上促进了医疗安全，并取得了一定成效，但实际运行效果却不尽如人意，不报和瞒报事件时有发生，同时还存在诸如信息来源缺陷、重责任轻学习、缺乏外部学习文化以及分析反馈乏力的缺点。虽然一些医院和地区已经开始重视患者安全管理，提出了"以患者为中心"的新的医疗安全管理理念，并且进行了很多有益的尝试，但这些尝试多局限于某家医院、某个地区，还没有形成影响较大的网络。目前我国尚没有全国性的、完善的医疗质量监控网络，无论是政府部门还是学术研究都无法得到全国医疗风险管理的相关数据，难以全面、动态地掌握各级、各类医疗机构医疗风险的变化趋势。同时，由于缺乏完善的医疗风险监测体系，行业管理部门以及卫生健康主管部门难以及时准确地对各地区、各医疗机构的医疗风险进行评估，更无法通过相应的预警机制及时发出预警信号，避免重大医疗事故的发生，给卫生行业以及卫生健康主管部门的管理造成被动局面。解决这一问题，必须依靠科学、全面、灵敏的监测预警机制。因此，国务院卫生健康主管部门应当建立全国统一的医疗不良事件报告、分析和发布系统，同时，为了推进不良事件网络报告制度，应当定期奖励重要的不良事件报告人。

第七十一条 【输血意外保险和产检意外保险】

省级以上人民政府卫生健康主管部门应当根据本地区实际情况建立输血意外保险制度以及产检意外保险制度。

省级人民政府卫生健康、发展改革和保险监管部门应根据本地情况定期发布和调整《高危险医疗服务项目强制医疗意外保险目录》，将纳入到目录中的高危险医疗服务项目加收医疗意外保险金，建立起以省为单位的医疗意外保险基金。

【立法说明】

本条是关于输血、产检意外保险的规定。

1.输血意外保险。(1)制度背景。在所有的医疗产品里,血液无疑是最特殊的一种。首先,对血液是不是"产品"的争论从未停止过。产品,是指经过加工、制作,用于销售的产品。血液是人身体的一部分,如果按照产品的定义,把人看成是血液的"加工厂"不符合伦理要求。其次,血液在临床中的应用收取的只是血液采集、分装、运输、储存等费用,临床用血并不是"等价交换"。最后,目前争议最大的是,即使血液提供机构进行了严格的检测,还会因为血液中的某种病毒仍处在"窗口期"无法检测出来,有可能给患者造成伤害。患者输用经医疗采供血机构检验合格的血液后,仍有一些经血液传播的疾病发生,此时的责任认定就很难判断。

对此,部分国家的患者在因输血感染疾病时能够得到充分的救济与补偿。这主要得益于这些国家的政府所发挥的积极作用,或者建立的输血无过错赔偿基金,或者积极推动保险业的发展,建立新的保险险种。我国关于输血安全责任的立法、司法和认识均有一个不断提高的过程。就2010年之前立法而言,尽管立法对过错造成输血感染疾病的法律责任的规定比较明确,但是,对于因漏检率造成的无过错责任,仅在《药品管理法》第102条中规定血清、血液制品属于药品,实行严格责任,而对血液是除外的。《医疗事故处理条例》第33条明确规定,"无过错输血感染造成不良后果的,不属于医疗事故"。

(2)制度必要性。建立输血保险制度可以合理地转嫁输血风险,让原来需要医院和血站独立承受的沉重负担由所有参加保险的人一起承担。具体操作方法是:可以由受血者交纳一定金额的保险金参加保险(政府也应当给予财政补贴,并允许社会慈善资金的融资介入),如果受血者因输血感染了艾滋病(以及其他规定的疾病)可以获得保险公司的赔付。保险公司为了实现自己的利益也会充分发挥对医疗单位的监督职能,这样也有利于降低医疗单位的出错概率。同时因为检测技术的局限性等原因原来无处诉苦的输血染病者，有了输血保险制度也可以得到更为充分的保障。事实上，《中国遏制与防治艾滋病行动计划（2001—2005）》已将建立输血风险保险机制列入了工作指标，国内从2000年开始南京已试行了该项险种。

2. 产检意外保险制度。随着医疗水平的发展，通过产检预先判断胎儿是否健康成为可能。产前检查作为一道防线，对人口优生优育起着重要的作用。与此相关，因医院产检失误，没有及时查出怀孕、检出胎儿存在先天性缺陷或者未尽到告知义务，从而导致节育失败或者带有缺陷的婴儿出生，婴儿父母等家属向医院主张赔偿的纠纷越来越多。对于此类纠纷，目前法学界存在诸多争议。例如，不当出生案件，又称错误出生，半个世纪前在美国判例法中首次出现，具体是指医生存在过失，未能及时检查和诊断出胎儿潜在生育缺陷，没有及时告知父母，导致带有缺陷的残障婴儿出生，给父母造成巨大的伤害，包括精神损害和经济损失，父母因此提起的诉讼。不当出生具有以下几个鲜明特征：第一，孩子固有缺陷。不论医生是否进行诊断，诊断水平如何，孩子本身带有缺陷，缺陷是母体自身原因造成的，并非医生造成，医生即使尽到注意义务，及时诊断出缺陷，也改变不了孩子缺陷的存在。第二，医生诊断存在过失。医生没有及时将孩子生育缺陷情况告知父母，父母丧失了选择是否生育的权利，部分国家和地区认为这侵犯了父母的健康生育选择权，从而导致缺陷孩子的出生。

然而还有一种情况，医务人员在运用现代医疗技术进行诊疗过程中，没有发现婴儿是否有缺陷，而没发现的原因是现有科学技术无法预见或虽预见但又无法克服、无法避免，对这种风险是由现有医疗水平和医疗技术的局限性所致，医疗机构可免予承担责任。此时，父母的权利无法获得保障，因此，建立产检保险制度可以合理地转嫁风险，让原来需要医院或婴儿父母独立承受的沉重负担由所有参加保险的人一起承担。

3. 省级人民政府卫生健康、发展改革和保险监管部门应根据本地情况定期发布和调整《高危险医疗服务项目强制医疗意外保险目录》，对纳入目录中的高危险医疗服务项目加收医疗意外保险金，建立起以省为单位的医疗意外保险基金。输血保险制度和产检保险制度是对高危险医疗服务项目的列举立法,此外还有很多高危险医疗服务项目的风险亦需通过保险制度进行转移,因此,应当定期发布和调整《高危险医疗服务项目强制医疗意外保险目录》,建立起以省为单位的医疗意外保险基金,合理转移风险。

第七十二条【患者权利保护体系之一:医疗机构患者服务中心】

二级以上医疗机构应当设立患者服务中心,接待患者日常投诉,协调、帮助患者解决诊疗过程中的问题。

【立法说明】

本条是关于医疗机构患者服务中心的规定。

患者服务中心,是指医疗机构所设立的协助、帮助患者解决诊疗过程中所遇到的问题的多功能工作岗位。本条规定的主要内容包括:

1. 设立患者服务中心的主体为二级以上医疗机构。

2. 患者服务中心的主要职能应当至少包括以下几种:

(1)在院领导和门诊主任的领导下,负责分诊、导诊工作。

(2)对于患者及家属的有关咨询(包括医院的相关法律、政策、法规;医院常务;挂号咨询;专家门诊;药物咨询;保健咨询;其他相关信息咨询),服务中心人员要认真回答,详细解释,凡属专业性较强的问题,不能准确回答的,要很礼貌地告诉患者及家属找专业科室或专家咨询。

(3)深入各个临床和医技科室以及其他相关科室,收集各种医疗技术与服务信息,为患者提供更优质的咨询和导医服务。

(4)熟悉各科室的功能和所开展的医疗技术项目;熟悉各科专家的专长、出诊时间以及专科出诊时间;掌握各科常见病的分诊和防治知识;了解常做的检验报告的数值和临床意义;与各科室做好沟通,密切配合。

(5)维持门诊大厅秩序。

(6)工作热情周到,扶患携幼,帮助行动不便的患者挂号看病,为老、弱、残、无陪护的患者提供全程陪同诊疗服务(包括代患者计价、交费、取药，护送各类检查、治疗等工作）。如遇到危重患者，应及时与科室联系，给予及时诊断与抢救。

（7）随时为患者提供方便和服务。

第七十三条【患者权利保护体系之二：医疗机构临床伦理委员会与科研伦理委员会】

二级以上医疗机构应当设立医疗机构临床伦理委员会以及科研伦理委员会。

【立法说明】

本条是关于医疗机构临床、科研伦理委员会的规定。

随着医学技术的发展，涉及人的临床科研数目也随之增加，如何保护好受试者的权益已成为临床科研管理中的关键，临床科研伦理审查的作用也越来越受到重视。伦理委员会（ethics committee），是指由医学专业人员、法律专家及非医务人员至少5人组成的独立组织，其职责为核查临床试验方案及附件是否合乎伦理，并为之提供公众保证，确保受试者的安全、健康和权益受到保护。伦理委员会包括临床伦理委员会和科研伦理委员会，其职责如下：

1.试验方案的审议。临床试验开始前，试验方案需经伦理委员会审议同意并签署批准意见后方能实施。伦理委员会应从保障受试者权益的角度严格按下列各点审议试验方案：（1）研究者的资格、经验，人员配备及设备条件等是否符合试验要求；（2）试验方案是否适当，包括研究目的、受试者及其他人员可能遭受的风险和受益及试验设计的科学性；（3）受试者入选的方法、获取知情同意书的方法是否适当；（4）受试者因参加临床试验而受到损害甚至发生死亡时，给予治疗或保险措施；（5）试验方案提出的修正意见是否可接受；（6）定期审查临床试验进行中受试者的风险程度。

2.试验过程的监督。在试验进行期间，试验方案的任何修改均应经伦理委员会批准后方能执行；试验中发生任何严重不良事件，均应向伦理委员会报告。

3. 试验方案的表决。伦理委员会应在接到申请后尽早召开会议，审阅讨论，签发书面意见，并附上出席会议的委员名单、其专业情况及本人签名。伦理委员会的意见可以是：（1）同意；（2）做必要的修正后同意；（3）不同意；（4）终止或暂停已批准的试验。

第七十四条【患者权利保护体系之三：各级政府卫生健康委员会患者权益保护部门】

各级人民政府卫生健康委员会设立患者权益保护部门，日常负责保护患者权利，改进医疗服务水平，履行下列职责：

（一）宣传患者权益保障法律、法规和规章，督促用人单位贯彻执行；

（二）检查用人单位遵守患者权益保障法律、法规和规章的情况；

（三）受理对违反患者权益保障法律、法规或者规章的行为的举报、投诉；

（四）依法纠正和查处违反患者权益保障法律、法规或者规章的行为；

（五）法律规定的其他职责。

【立法说明】

本条是关于患者权益保护部门的规定。

1. 设立患者权益保护部门。近年来，有关医患关系、医患纠纷、医患矛盾的案例不断出现，引发社会广泛关注。患者权益保护是人权保护的重要内容，或者说患者权益本身就是人权的一个重要组成部分。随着公民权利意识的高涨和世界范围内患者权利运动浪潮的影响，我国关于患者权利保护的研究不断深化、成果较为丰硕，且近年来面临医患纠纷升级等困境，各级人民政府卫生健康委员会应当设立专门部门日常负责保护患者权利，改进医疗服务水平，以达到尊重、保障病人权利和促进医学进步的目标。

各级卫生健康委员会设立专门患者权益保护部门，可以让患者权益保障更加专业化、规范化，在医疗体制下进一步发挥政府在医疗活动中的指导、协调、监督、促进功能。针对目前医疗活动乱象，由政府从行政管理角度出发保护患者权益，能够更有力地督促各级医疗机构遵守患者权利保护的法律规范，为医疗机构提供更加全面、严格的专业化指导，规制医疗机构的行为。站在一个中间裁判者的角度，协调医疗机构与患者之间的关系，缓解矛盾与冲突。同时，还能在患者权益受到侵害时，提供一条更为简单、便捷的救济途径，保护患者权益。

2. 权益保护部门的职责。（1）宣传患者权益保障法律、法规和规章，督促用人单位贯彻执行；（2）检查用人单位遵守患者权益保障法律、法规和规章的情况；（3）受理对违反患者权益保障法律、法规或者规章的行为的举报、投诉；（4）依法纠正和查处违反患者权益保障法律、法规或者规章的行为；（5）法律规定的其他职责。

第七十五条 【患者权利保护体系之四：各级患者权益保护协会】

国家鼓励依法成立对医疗活动进行社会监督的保护患者合法权益的社会组织。患者权益保护协会履行下列公益性职责：

（一）向患者提供医疗信息和咨询服务，提高患者维护合法权益的能力；

（二）参与制定有关患者权益的法律、法规、规章和强制性标准；

（三）参与有关行政部门对医疗活动的监督、检查；

（四）就有关患者合法权益的问题，向有关部门反映、查询，提出建议；

（五）受理患者的投诉，并对投诉事项进行调查、调解；

（六）投诉事项涉及医疗活动质量问题的，可以委托具备资格的鉴定人鉴定，鉴定人应当告知鉴定意见；

> （七）就损害患者合法权益的行为，支持受损害的患者提起诉讼；
> （八）对损害患者合法权益的行为，通过大众传播媒介予以揭露、批评；
> （九）各级人民政府对患者权益保护协会履行职责应当予以必要的经费等支持。
>
> 患者权益保护协会应当认真履行保护患者合法权益的职责，听取患者的意见和建议，接受社会监督。依法成立的其他患者权益保护组织依照法律、法规及其章程的规定，开展保护患者合法权益的活动。

【立法说明】

本条是关于患者权益保护协会的规定。

本条规定属于患者权利保护体系之一，包括两款，第1款是对鼓励患者权益保护协会和对其公益性职责的规定，第2款则是对监督患者权益保护协会的规定。

1. 依法成立对医疗活动进行社会监督的保护患者合法权益的社会组织。国家鼓励设置患者权益保护协会，使医患矛盾中的患者个人行为组织化，不仅能够在短期内缓解医患冲突，而且对消除导致医患冲突的各种具体原因，推动卫生事业的整体发展具有重要的积极意义。本条设立主要是参考消费者权益保护法，消费者权益保护法经过20多年的发展，具备完整的体系与制度设计，在个体权益保护方面已经十分成熟与完善，能够为个体提供最为全面的保护。另外，患者与消费者在一定程度上是共通的，消费者权益的保护对患者权益保护有很强的借鉴意义。最后，协会本是民间私人自发形成的组织，由个人、单个组织为达到某种目标，通过签署协议，自愿组成的团体或组织。从我国现存的协会的地位与组织看，协会一方面充当政府的助手，在一定范围内行使政府管理经济事务的职能；另一方面以营利为目的进行活动,具有弥补政府失灵、市场失调的重要作用。

2.患者权益保护协会主要履行公益性职责,具体包括:(1)向患者提供医疗信息和咨询服务,提高患者维护合法权益能力;(2)参与制定有关患者权益的法律、法规、规章和强制性标准;(3)参与有关行政部门对医疗活动的监督、检查;(4)就有关患者合法权益的问题,向有关部门反映、查询,提出建议;(5)受理患者的投诉,并对投诉事项进行调查、调解;(6)投诉事项涉及医疗活动质量问题的,可以委托具备资格的鉴定人鉴定,鉴定人应当告知鉴定意见;(7)就损害患者合法权益的行为,支持受损害的患者提起诉讼;(8)对损害患者合法权益的行为,通过大众传播媒介予以揭露、批评;(9)各级人民政府对患者权益保护协会履行职责应当予以必要的经费等支持。

3.患者权益保护协会接受社会监督。患者权益保护协会应当认真履行保护患者合法权益的职责,听取患者的意见和建议。

4.可以依法成立的其他患者权益保护组织。除患者权益保护协会外,公民可依法成立其他患者权益保护组织,这是公民的结社自由。公民依法成立的其他患者权益保护组织依照法律、法规及其章程的规定,开展保护患者合法权益的活动。

第七十六条 【患者权利保护体系之五:专家共同体的患者权益保护组织】
中国医院管理协会和中国医师协会的各专业分会下应设立旨在规范行业操守,保护患者权益的伦理与法律专委会。

【立法说明】

本条是关于专家共同体的患者权益保护组织的规定。

本条属于患者权利保护体系之一,规定了中国医院管理协会和中国医师协会下设伦理与法律委员会的内容。

1.中国医院管理协会。中国医院管理协会是以国内医院及相关医疗机构为主体，相关企业参加，按照有关法律、法规自愿组成的全国行业性自律组织，具有国家一级社团法人资格。中国医院管理协会经民政部批准并注册登记，其主管部门为中华人民共和国卫生部医政司。

其主要职能是协助政府贯彻执行国家的有关法律、法规和政策；协助政府开展行业调研和行业统计工作，为政府制订行业改革方案、发展规划、产业政策等提供预案和建议；协助政府组织、指导医疗研究成果的转化和新技术、新产品的推广应用工作，促进行业科技进步；代表和维护企业合法权益，向政府反映行业从业单位的合理要求和建议；组织制定并监督本行业的行规行约，建立行业自律机制，规范行业自我管理行为，树立行业的良好形象；进行行业内部协调，维护行业内部公平竞争；为会员单位的管理和发展提供信息与咨询服务；组织开展对行业内的资质评定与优秀示范项目的达标考评和从业人员执业资格培训指导工作；促进国内、国际行业交流和合作。

2. 中国医师协会。中国医师协会（Chinese Medical Doctor Association，CMDA）于2002年1月9日经民政部登记注册在北京正式成立，是由执业医师、执业助理医师及单位会员自愿组成的全国性、行业性、非营利性群众团体，是国家一级协会、独立法人社团。其业务主管单位是国家卫生计生委，主要职责是：团结和组织广大医师，认真贯彻执行《执业医师法》[①]，通过实践，认真总结经验，向政府提供反馈意见；实行行业自律性管理，制定医师执业规范。协助卫生健康主管部门建立医师考核体系，审查、认证医师执业资格，监督检查医师执业情况。积极探索医师队伍管理的新模式、新方法，加强医师队伍的建设；依法维护医师在执业活动中享有的合法权益。努力营造和谐有序的医疗环境和医疗秩序，更好地为人民健康服务。使医师的劳动得到全社会的尊重；开展对医师的医学终身教育；积极开展医学科普宣传教育，推广医学科普知识，反对和批判封建迷信、伪科学；关心和帮助农村、基层的卫生工作，促进其预防、医疗水平不断提高；开展业务咨询服务，兴

---

① 现行《中华人民共和国医师法》。

办为会员服务的机构。介绍推广医药新技术、新成果，创办杂志刊物，促进医学科学技术的进步和发展；开展与国际及港澳台地区的医学交流与合作，学习借鉴先进的管理经验，更好地为广大医师服务；表彰奖励在医疗、预防、保健工作中做出突出贡献的医师以及优秀的协会工作人员；调查并了解医师队伍的现状、要求和愿望。积极向政府提出建设性意见，更好地调动和发挥广大医师的积极性；努力争取和承办卫生行政部门委托的有关工作以及与本会宗旨有关的事宜。

3. 伦理与法律专委会。伦理与法律专委会是由医学专业人员、法律专家及非医务人员组成的独立组织，旨在规范行业操守、保护患者权益，为患者权益保护设立多重保障。

第四章　医疗广告

> **第七十七条【医疗广告的基本原则】**
> 　　医疗广告应当坚持真实合法原则，医疗广告发布依法受有关机关及公众的审查和监督。

【立法说明】

本条是关于医疗广告基本原则的规定。

医疗广告是医疗市场进行信息传播的主要工具，不仅可以对医疗服务的推广、宣传起到积极的作用，而且可以促进医疗市场管理、增强监督机制透明度，因此医疗广告确有存在必要性。

1. 医疗广告的特殊性。由于医疗行为直接面对公民的生命健康权以及具有较强的专业性等特点，医疗广告也就有了其自身的特殊性：

（1）医疗广告误导公众的可能性更大。由于医药卫生领域专业性较强，所以往往会产生信息不对称的问题，在这种情况下，公众很难合理判断自己需要什么样的医疗服务，此时医疗广告上所显示的信息对公众就有了很强的引导性。

（2）医疗广告误导的结果相较其他广告更具侵害性。医疗广告内容的真实性往往与公民的生命健康权直接相关，而生命健康权可以说是人最重要的基本权利之一，医疗广告中的虚假信息很可能对公民的生命健康权造成损害。

（3）医疗广告内容的特殊性。医疗广告的内容通常与医疗机构信息相关，包括医疗机构的名称、地址、类别等内容，我国现有的医疗法规对医疗广告的内容作了严格限制，只允许其涉及一些关于医疗机构的基本信息，不得涉及医疗技术、诊疗方法等内容。

2.医疗广告的特性决定了其应当受到严格的规制:

(1)医疗广告应当真实。目前医疗广告存在的最主要问题是,不实宣传对患者的误导,由此造成的损害既包括贻误治疗时机给患者生命、健康造成损害,也包括不涉及此种程度损害时的金钱方面的不必要投入或者损失。因此,医疗广告应当遵守真实原则。

(2)医疗广告应当合法。我国《广告法》《医疗机构管理条例》《中医药条例》《医疗广告管理办法》等规定,医疗广告必须主体合法、符合发布标准、遵守医疗广告审查制度、违法医疗广告需要承担责任等。医疗广告必须符合相关法律的规定,否则应当承担相应责任。

(3)医疗广告应当受到审查和监督。医疗广告在发布前和发布后都应当受到监督。医疗机构发布医疗广告前,应当申请医疗广告审查,未取得《医疗广告审查证明》的,不得发布医疗广告,有关机关还需对广告成品样件内容进行审查等;医疗机构发布广告后,有关机关应对其监督,同时公众也具有对医疗广告的监督权,有权举报违法医疗广告。

第七十八条 【医疗广告欺诈】

医疗机构不得利用广告捏造事实,以并不存在的产品或服务进行欺诈宣传,或所宣传的产品和服务的主要内容与事实不符。否则追求其相应的行政责任,构成犯罪的,依法追究刑事责任。

【立法说明】

本条是关于医疗广告欺诈的规定。

欺诈与虚假在实践中很难界定。"诈骗"其基本释义为"讹诈骗取",内含行为人以不正当手段或目的骗取财物的意思,而"虚假"的基本释义为"与实际不符合",可见"虚假"一词并不能涵盖"欺诈"行为。根据美国学者巴茨等著的《广告管理》一书中,对虚假广告的定义为:"如果广告传达给了受众,并且广告的内容与实际情况不符,影响到了消费者的购买行为并损害了其利益时，我们就认为这是欺骗行为。"此定义中仅对欺骗行为作了一个定义，认为虚假广告实际上就是一种欺骗行为，也就是本条所说的"所宣传的产品和服务的主要内容与事实不符"，不涉及医疗广告欺诈的行为，同时还要求该欺骗行为"影响到了消费者的购买行为并损害了其利益"。我国于1993年国家工商行政管理局对湖南省工商行政管理局关于认定虚假广告问题的批复中对虚假广告的定义为："凡利用广告捏造事实，以并不存在的产品和服务进行欺诈宣传，或广告所宣传的产品和服务的主要内容与事实不符的，为虚假广告。"此定义最终释义为虚假广告，但对诈骗行为也有所覆盖。

对医疗广告欺诈规制的必要性体现在广告都带有一定的目的性，虚假广告最根本的目的是牟取非法利益，是广告中急功近利、不择手段追求利益的部分。虚假医疗广告更是其中最为恶劣的，它不仅采取直接欺骗、误导等方式，手段卑劣，更因为它与消费者的财产权、健康权和生命权息息相关，对社会稳定、法治建设有害。

本条规定包括两方面内容：一是医疗广告欺诈与虚假医疗广告。医疗广告欺诈，是指医疗机构"捏造事实，以并不存在的产品或服务进行欺诈宣传"的行为；虚假医疗广告，是指医疗机构发布的"所宣传的产品和服务的主要内容与事实不符"的广告。二是构成医疗广告欺诈并不要求影响到了消费者的购买行为并损害了其利益。具体内容包括：（1）医疗机构不得利用广告捏造事实，以并不存在的产品或服务进行欺诈宣传；（2）医疗机构的医疗广告所宣传的产品和服务的主要内容不得与事实不符；（3）违反上述规定，将追求其相应的行政责任，构成犯罪的，依法追究刑事责任。

第七十九条【医疗广告的范畴与视为医疗广告的情形】

凡是以利用传播媒体或其他方法，宣传医疗业务，以达招徕患者医疗为目的的行为，都是医疗广告。广告内容暗示或影射医疗业务的，视为医疗广告。

医学新知或研究报告之发表、患者卫生教育、学术性刊物，未涉及招徕医疗业务的，不视为医疗广告。

第四章 医疗广告

【立法说明】

本条是关于医疗广告范围的规定。

由于存在对医疗广告概念和范围的不同理解，本条确定医疗广告范畴、澄清其规范意涵与法理意涵以为下一步的立法规定奠定基础是必要的。关于医疗广告的概念，根据《医疗广告管理办法》第2条规定，是指医疗机构通过一定的媒介或者形式，向社会或者公众宣传其运用科学技术诊疗疾病的活动。医疗广告实际上在规范上属于一种"商业"性的广告。

本条规定了两款，主要内容为医疗广告的范畴、视为医疗广告与不视为医疗广告的情形。

第1款前段以医疗广告的概念的形式对医疗广告的范畴作了规定，"凡事以利用传播媒体或其他方法，宣传医疗业务，以招徕病人医疗为目的的行为，都是医疗广告"，此规定采用我国台湾地区对医疗广告的规定，我国台湾地区"医疗法"第9条规定，"本法所称医疗广告，系指利用传播媒体或其他方法，宣传医疗业务，以达招徕患者医疗为目的之行为"。我国《医疗广告管理办法》规定，"本办法所称医疗广告，是指利用各种媒介或者形式直接或间接介绍医疗机构或医疗服务的广告"，此规定未对广告目的进行规定，其医疗广告的外延要大于本法之规定，未将医疗公益广告与医疗广告予以区分；同时，有些涉及医疗服务内容的广告并非都是以招徕病人医疗为目的，而可能是一些公益性的普及知识的医疗公益广告，因此本法倾向对两个概念予以区分，不以"医疗服务"为内容判断是否为医疗广告。

第1款后段规定"广告内容暗示或影射医疗业务的，视为医疗广告"。此处拓展了第1款所规定的"宣传医疗业务"的范围，广告内容涉及"暗示"或者"影射"医疗业务的，也应视为医疗广告，应受到监督机关的严格审查。

第2款规定了不视为医疗广告的情形，"医学新知或研究报告之发表、患者卫生教育、学术性刊物，未涉及招徕医疗业务的，不视为医疗广告"。此类报告或刊物的内容若不涉及招徕医疗业务的，不视为医疗广告，不适用医疗广告的审查规定。

第八十条【医疗广告的内容与禁止的情形】

医疗广告内容仅限于以下项目：

（一）医疗机构第一名称；

（二）医疗机构地址；

（三）所有制形式；

（四）医疗机构类别；

（五）诊疗科目；

（六）床位数；

（七）接诊时间；联系电话。

（一）至（六）项发布的内容必须与卫生健康主管部门、中医药管理部门核发的《医疗机构执业许可证》或其副本载明内容一致。

除以上内容外，禁止医疗机构以任何形式发布含其他内容的医疗广告。

【立法说明】

本条是关于医疗广告内容的规定。

本条规定对医疗广告的内容进行了严格限制，1949年《国家医学伦理学准则》指出，"凡有下列行为，一律都作不道德论"，其中之一就是"登广告宣扬自己，但该国医德守则允许者不在此限"。《美国医学会医德守则》认为登广告、印名片或发传单，招徕特殊疾病的患者，或者在日报上公布病案或手术，或者放任出版物这样做（手术时请外行来参观），吹嘘自己的医术和药物，或者提供证明文件，以证明其技术和成就之类的行动，都是不可原谅的。这是禁止医疗广告的一个非常重要的原因。广告是一种传达信息的形式，目的在于向公众说明产品的功效和服务的性质，本条对医疗广告所作的限制即是基于对"医学道德"的约束，同时加强广告管理的基本出发点，限制广告中的不实之词和有害成分。

本条对医疗广告的内容的规定采取了正面列举的形式，规定内容仅限于医疗机构第一名称、医疗机构地址、所有制形式、医疗机构类别、诊疗科目、床位数、接诊时间、联系电话，仅可向公众传达产品的功效和服务的性质，禁止医疗广告规定其他内容。此外，该条第2款规定，发布第（一）至（六）项内容必须与卫生健康主管部门、中医药管理部门核发的《医疗机构执业许可证》或其副本载明内容一致，以高要求提高事前监管能力。

第八十一条 【医疗广告主的义务】

非医疗机构不得发布医疗广告。医疗广告主委托设计、制作、发布广告，应当委托具有合法经营资格的医疗广告经营者、医疗广告发布者。

医疗机构应当按照法定程序申请发布医疗广告，并按照有关机构审查通过的广告成品样件内容与媒体类别发布医疗广告。

【立法说明】

本条是关于医疗广告主义务的规定。

1. 发布医疗广告的主体。第1款对发布医疗广告的主体作出了严格的限制，非医疗机构不得发布医疗广告，医疗机构是医疗广告发布的唯一主体，可委托具有合法经营资格的广告发布者发布。关于医疗广告主的定义。首先应当明确广告法中对广告主的定义，《广告法》第2条第2款规定，"本法所称广告主，是指为推销商品或者服务，自行或者委托他人设计、制作、发布广告的自然人、法人或者其他组织"。医疗广告主即为推销医疗产品或服务，自行或委托他人设计、制作、发布广告的医疗机构。

2. 本条所涉及的医疗广告主的义务有两项：一是医疗广告主委托设计、制作、发布广告，应当委托具有合法经营资格的广告经营者、广告发布者。二是医疗机构应当按照法定程序申请发布医疗广告，并按照有关机构审查通过的广告成品样件内容与媒体类别发布医疗广告。医疗机构在发布广告前广告成品样件内容与媒体类别需要通过有关机构的审查通过，是一种事前审查模式，"按照法定程序申请"是指根据《广告法》和《医疗广告管理办法》应当在发布前申请医疗广告审查，并提交相应的材料，变更、延期等事项都需按照法律规定的程序进行。未取得《医疗广告审查证明》的，不得发布医疗广告。

第八十二条【医疗广告经营者的义务】

医疗广告经营者应当由其广告审查员查验《医疗广告审查证明》，核实广告内容。

【立法说明】

本条是关于医疗广告经营者义务的规定。

根据广告法的规定，广告经营者，是指受委托提供广告设计、制作、代理服务的法人、其他经济组织或者个人。在医疗广告活动中，广告经营者为医疗机构提供广告设计、制作和代理服务。目前我国广告经营者主要有综合性广告公司、广告设计制作公司、兼营广告的企业和媒介单位、个体广告经营者和中外合资、合作广告公司，其从事广告经营活动，应当具有必要的专业技术人员、制作设备，并依法办理广告经营登记。

广告法规定，广告经营者、发布者依据法律、行政法规查验有关证明文件，核实广告内容。对内容不实或者证明文件不全的广告，广告经营者不得提供设计、制作、代理服务，广告发布者不得发布。《医疗广告管理办法》规定，广告经营者、广告发布者发布医疗广告，应当由其广告审查员查验《医疗广告审查证明》，核实广告内容。从这些规定看，医疗广告的经营者和发布者承担着医疗广告形式审查的职责，但是，随着广告业的发展，此审查在加强医疗广告双重保障的同时也存在一定弊端：首先，由于广告经营者、发布者集经营与审查于一身，在提高效益的压力下，二者易受经济利益的驱动，放松广告审查标准，审查的公正性难以保证；其次，熟悉相关法律、法规以及规章制度的广告审查人员目前还比较匮乏，如果卫生健康主管部门和中医药管理部门没有组织法律专家对医疗广告进行合法性的实质审查，广告经营者、发布者对广告涉及的相关法律、法规以及规章制度理解、运用生疏，则广告审查的法律水准也必然难以保证。

第八十三条 【医疗广告发布者的义务】

医疗广告发布者应当由其广告审查员查验《医疗广告审查证明》，核实广告内容。

【立法说明】

本条是关于医疗广告发布者义务的规定。

根据广告法的规定，广告发布者，是指为广告主或者广告主委托的广告经营者发布广告的法人或者其他经济组织。在我国，广告发布者必须是经依法核准登记，从事广告发布业务的法人或其他经济组织，个人不允许从事广告发布业务。广告发布者主要有两类：一类是新闻媒介单位；另一类是具有广告发布媒介的组织，利用自有或者自制音像制品、图书、橱窗、灯箱、场地、霓虹灯等发布广告。电视、报纸、广播、杂志是广告发布的传统四大媒介。

在经济学中，"理性的人"会反复做成本－收益分析，只要有利可图，虚假医疗广告发布者就会不断游走于违法禁区。首先是发布虚假医疗广告违法成本过低。如1994年颁布的《广告法》第37条规定，对于"利用广告对商品或者服务作虚假宣传的"，仅是责令停止发布，消除影响，并"处广告费用1倍以上5倍以下的罚款"。2006年颁布的《医疗广告管理办法》第22条则规定，"法律法规没有规定的，工商行政管理机关应当对负有责任的广告主、广告经营者、广告发布者给予警告或者处以一万元以上三万元以下的罚款"，该罚款数额对虚假医疗广告的治理困境与法律规制毫无力度。其次是相关的医疗事故成本也不高。我国对此没有规定惩罚性赔偿制度，只能遵循同质赔偿原则，受害的患者只能按实际损失要求损害赔偿。最后是法律规定不严谨，司法标准不清晰，导致执法机关难以处罚，结果往往是以罚代刑。因此对广告发布者的义务规定应当由其广告审查员查验《医疗广告审查证明》，核实广告内容，让广告发布者对广告的内容负责。

第八十四条【健康促进与医疗公益广告】

国家支持和鼓励关于健康促进的医疗公益广告，广告内容应当科学、准确，不得以招徕患者医疗为目的，不得违反法律、法规的相关规定。

【立法说明】

本条是关于健康促进与医疗公益广告的规定。

医疗机构负有为社会公益、公共福利的职责，与纯粹逐利的一般市场主体不完全相同，本条规定主要涉及四方面内容：

1. 国家支持和鼓励关于健康促进的医疗公益广告。医疗公益广告作为一种提高公民健康意识的手段，国家应当给予支持和鼓励，健康促进与医疗公益广告应当坚持公益性原则，并以健康促进为目的。

2. 广告内容应当科学、准确。医疗公益广告的目的在于促进公民健康，其实质在于普及医疗知识、促进和维护公民的身心健康，所以，其所涉及的内容必须是科学准确的，不能使公民对医疗事务产生错误的理解。

3. 医疗公益广告不得以招徕病人医疗为目的，而是以促进公民健康为内容的。如果没有此规定，则很有可能造成名为医疗公益广告，实为普通医疗广告，逃脱严格的审查程序，对公众的选择造成偏差影响。

4. 不得违反法律、法规的相关规定。医疗公益广告具有公益性的特点，但仍需遵守严格的法律限制程序，受到严格的审查程序，主要原因在于，医疗公益广告与普通医疗广告一样，其内容大多关于公民重要的基本权利，如身体权、健康权和生命权等，因此，二者需要受到严格的监督和审查，但也应当与普通医疗广告予以区别,在主体或特定程序方面予可以适当放宽限制。

第八十五条 【举报违法医疗广告的奖励制度】

国家鼓励公民、法人和其他组织对医疗广告的真实性和合法性进行社会监督。任何组织或者个人对违反本法规定的行为,有权向县级以上地方卫生健康主管部门、中医药管理部门投诉、举报。对举报违法医疗广告的公民、法人或其他组织,根据相关法律法规给予一定的奖励。

【立法说明】

本条是关于举报违法医疗广告的奖励制度的规定。

对于虚假广告的滥行的治理,首先,不断完善相关的法律法规,提高对虚假医疗广告的执法力度。法律法规的制定是打击治理虚假医疗广告的最直接有效的手段和必要前提。对于传播虚假医疗广告的媒体进行监督和处理,要明确法律的权威性。其次,仍需加强卫生健康主管部门与工商行政部门的沟通与协调,避免管理脱节。最后,由行政部门实行奖励制度,给予举报属实的虚假广告举报者一定奖励,发动各广告媒体受众实行全民监督,是最为普遍与强大的监督力量。

本条规定主要涉及以下内容:

1. 规定了对医疗广告的社会监督,国家鼓励社会对医疗广告真实性和合法性进行监督。在现代行政管理理念的发展中,越来越意识到社会监督的力量,重视公众参与的新型行政关系。尤其在医疗广告管理方面,社会力量的介入也会起到极大的作用。

2. 规定了举报制度,是社会监督力量介入的程序性实现,可以使社会监督的效果落到实处。任何组织或者个人都有监督权,都可以向有关部门投诉、举报。县级以上地方卫生健康主管部门、中医药管理部门应当设立相应的接受投诉和举报的机制，及时对组织和个人的投诉、举报予以处理。

3.设置了举报奖励制度。对举报违法医疗广告的公民、法人或其他组织，根据相应的法律规定给予一定的奖励。奖励制度将会带来公民和法人的监督动力，大大推动医疗广告的管理监督，提高目前医疗广告乱象的治理效率。

第五章　医学教育与教学医院

第八十六条【医学教育体制】

国家建立中国特色医学教育体系，坚持中西医并重。深化医学教育综合改革，全面提高人才培养质量，促进医学教育更好地服务于医药卫生事业发展，提高医药卫生人才服务水平，保障各地人民群众就医需求。

完善医院校教育、毕业后医学教育、继续医学教育三阶段体系，深化医教协同发展，建立与国际接轨的国家医学院校评估与认证系统，大力发展五年制医学本科教育和稳步发展八年制医学博士教育。强化临床实践能力培养，重视人文、伦理、法律等知识教育。

【立法说明】

本条是关于医学教育体制的规定。

健康是促进人的全面发展的必然要求，人才是健康事业的第一资源。提高全民族健康素质，离不开先进的医学科学和高素质的医学人才做保障。因此，我国确有立法明确医学教育体制的必要性。但是，基于我国近一百年来中西医并存的现状，我国医学教育体制又具有其独特的地方。医学教育体制可从总体方针、学制体制及质量保障进行设置。

在总体方针上，贯彻实施中西医并重理念，深化医学教育改革：

中医药学是中华民族的伟大创造，是中国古代文明的瑰宝，具有五千年的悠久历史。西医学传入中国近一百多年，推动了我国医药卫生事业的快速发展。中医、西医都是我国主要的医药卫生资源，是保障我国人民健康的强有力武器。

因此，坚持中西医并重是结合我国国情和中国特色社会主义制度，是从改革开放实践中总结出的基本卫生和健康工作方针。

百年大计，教育为本。高等医学教育的发展需要全面深化体制改革，以改革促进高等医学教育发展，适应医学教育国际化发展需要。同时，改革要适合中国的国情，建立具有中国特色的医学教育体系。

在学制体制和质量保障方面，坚持终身医学教育理念、逐步实现学制改革，建立先进的医学院校评估与认证系统、重视培养医学生的实践能力和人文素养。

实施终身教育体系由医生的职业特点所决定。医学生在完成学校教育学习阶段后，进入工作阶段仍要继续接受教育，不断更新的知识，发展专业技能，才能跟得上时代发展。因此，应当完善医院校教育、毕业后医学教育、继续医学教育三阶段体系。

对比发达国家医学教育体制，长学制是医学教育发展的必然趋势。但由于我国国情特殊，基层医疗需求大。因此，仍需要保留三年制专科教育，随着经济水平和城镇化发展到一定阶段后，逐步取消；大力发展五年制本科教育，向城市社区医疗卫生机构大量输送人才；稳步发展八年制博士研究生教育，满足人民高层次医疗服务需求。

推进医学教育改革发展，加强医学人才队伍建设，保障人民群众健康，应当健全医教协同机制。

与国际接轨的医学院校评估与认证系统的建立对保障和提升我国医学教育质量，增进国际医学教育的交流，培养参与国际竞争的医学专门人才具有重要意义。因此，应当建立与国际接轨的国家医学院校评估与认证系统。

医学是一门实践性较强的学科，重视和加强实践教学是培养医学生不可缺少的环节。早期临床实践能够使医学课程的设置适应社会实践的需要，并且能够加强学生的情感和认知能力。因此，应当强化临床实践能力培养。

医学学科和医生职业的特殊性，决定了医学教育必须承载更多的教育内容，医学院校必须承担更加重要的使命和责任，医学院校的人才培养应有更高的标准和要求。高等医学教育发展必须加强人文、伦理素质教育，加强法律知识教育，大力培育医学生的职业道德和社会责任感及处理医患关系的能力。因此，应当重视人文、伦理、法律等知识教育。

第八十七条 【医学实习生行医资格制度】

实习生的临床实习具有合法性，对于医学实习生应当赋予一定的行医资格。

【立法说明】

本条是关于医学实习生行医资格制度的规定。

本条主要指医学实习生，包括未通过执业医师资格考试和已通过医师资格考试但未注册获得执业资格两种情况。

根据《刑法》第336条规定，非法行医罪的主体为"未取得医生执业资格的人"，且此条并无但书条款。

临床实践是医学实习生必不可少的学习环节，是医学生在校教育学习的延伸。医学实习生在医疗活动中占据重要角色，培养质量直接关乎医生的整体水平。因此，解决医学实习生的临床实习在法律上的定性具有必要性。

医学实习生的临床实习具有合法性：

1. 按照《执业医师法》第9条第1项规定，具有高等学校医学专业本科以上学历，在执业医师指导下，在医疗、预防、保健机构中试用期满一年的，方可参加执业医师资格考试。① 《教育法》第41条规定了从业人员有依法接受职业培训和继续教育的权利和义务；第48条规定了国家机关、军队、企业事业组织及其他社会组织应当为学校组织的学生实习、社会实践活动提供帮助和便利。《医学教育临床实践管理暂行规定》指出，在临床带教教师

---

① 现行《医师法》第9条第1项规定，具有高等学校相关医学专业本科以上学历，在执业医师指导下，在医疗卫生机构中参加医学专业工作实践满一年的，可以参加执业医师资格考试。

的指导与监督下，医学实习生可以参加临床诊疗活动，从事医疗辅助行为。因此，医学生的实习权具有合法性，应当赋予医学实习生一定的行医资格。

2.按照我国现行的法律规定，一方面，医学生必须经过临床实习才能参加执业医师资格考试；另一方面，未经医师执业注册，取得医师执业证书不能进行执业活动。由此可见，医学实习生的诊疗活动存在合理不合法的问题。因此，应当合理规制医学实习生的医疗行为，准确定性，赋予一定的行医资格，界定其法律地位。

第八十八条【住院医师规范化培训制度】

为了加强卫生人才队伍建设、提高医疗卫生质量水平，卫生主管部门应当健全住院医师规范化培训制度，促进住院医师规范化培训质量提高。

【立法说明】

本条是关于住院医师规范化培训制度的规定。

住院医师规范化培训是培育医学人才的重要手段，是医学生毕业后教育的重要组成部分，关系着未来我国医疗事业的发展。住院医师规范化培训是临床医学生成长为合格医生的必经途径，对于完善我国医疗人才队伍建设，提高医疗服务水平至关重要。因此，健全住院医师规范化培训制度具有必要性。

住院医师规范化培训制度具有非常重要的现实意义，正如习近平总书记所说，推动医疗服务均等化，缓解大医院始终处于"战时状态"。卫健委提出的目标是"为各级医疗机构培养具有良好的职业道德、扎实的医学理论知识和临床诊疗技能，能独立诊治常见病、多发病的合格医师"。住院医师规范化培训制度主要包括四方面的内容：政治思想、职业道德、专业能力、教学与科研。

然而，在住院医师规范化培训的实施过程中，仍然存在一定的问题，如住院医师规范化培训期间待遇差影响学员培训积极性，培训师资力量薄弱，培训过程中重实践轻理论，住院医师水平差异和能动性不足，缺乏客观、量化的考核评价体系等。

对比美国的住院医师规范化培训制度，我国"规培"制度在培养目标和计划、管理机构、质量控制、薪酬等方面存在不足。

因此，应当完善住院医师规范化培训制度，推动培训工作不断发展，提高住院医师规范化培训质量，培养合格的临床医师。

住院医师规范化培训质量的提高，可从组织、质量、制度、评价等四方面进行提升。在组织体系建设中，提高全体人员参与度；在制度体系建设中，加强师资培训内涵质量；在质量体系建设中，完善专业基地的质量标准；在评价体系建设中，凸显绩效评估的效能。

第八十九条【公立医学院毕业生赴农村服务与长期服务补偿制度】

公立医学毕业生赴农村服务，应当提高工资待遇，建立起公平合理的流动、任用、提拔机制，尤其在职称晋升方面给予适当照顾。建立适合赴农村服务毕业生再发展的长期服务补偿制度。

【立法说明】

本条是关于公立医学院毕业生赴农村服务与长期服务补偿制度的规定。

做好农村订单定向医学生免费培养工作，是加强基层医疗卫生队伍建设的重大举措。

调查表明，免费定向医学生职业认同度不高。政府只有提供制度保障和政策支持，解决免费定向医学生的后顾之忧，才能让他们安心扎根于基层医疗卫生服务，从根本上提高免费定向医学生的职业认同感。因此，建立公立医学院毕业生赴农村服务与长期服务补偿制度具有必要性。

农村订单定向医学生培养是我国构建全科医生培养体系的重要组成部分。但是，由于服务期间定向医学生待遇较低的普遍性、服务期满后相应政策的模糊性，导致部分定向医学生对于定向协议存在抵触情绪，在职业规划上感到迷茫与焦虑，服务基层的意愿处于徘徊状态。

调查表明，"收入"是影响农村订单定向医学生选择工作的首要因素；其次是工作环境、工作条件以及职业发展机会。针对农村订单定向医学生现实存在的问题，可以制定定向协议补充条款，提高基层医生福利待遇，与定向医学生签订"协议补充条款"，加强协议对学生的经济、法律约束，促进学生在校与在职的平稳过渡。其次，要巧妙运用经济杠杆规避其在校、在职的违约风险，完善基层医生财政补偿机制，将定向医学生纳入特岗全科医生管理体制，不仅要吸引其到基层工作，而且要使其安心在基层发挥作用，只有将免费定向培养和提高福利待遇相结合，才是为基层输注人才的最佳选择；完善相关配套政策，建立长效激励机制，在职业发展方面，政府要完善配套的激励政策，对定向医学生的未来发展负责，设立"责权一致"的长效激励与保障机制，完善其定向就业、定向工作期内、定向期满三阶段的考研制度、教育制度、人才流动机制、职称晋升与职业发展机制等。

因此，公立医学院校毕业生赴农村服务，可从以下三个方面进行制度设计：工资待遇，任用、提拔机制，长期服务补偿。

第九十条【教学医院的评鉴】

国务院会同卫生健康主管部门应当制定教学医院的评鉴办法，建立教学医院教学能力评价指标体系。评鉴合格的教学医院名单及其资格有效期间等有关事项应公告。

【立法说明】

本条是关于教学医院评鉴的规定。

医学教育最主要的特点是基础理论与临床实践紧密结合，医学生必须通过临床实践学习诊断与治疗知识，训练临床思维，掌握临床技能。教学医院是医学生进行临床实践阶段必不可少的场所，对医学人才的培养起着十分重要的作用。临床教学模式是教学医院对医学生实施临床实践培养的综合表现，贯穿临床实践整个过程，对医学人才培养起关键作用。建立教学医院能力评价体系，可进一步提高医疗质量，规范医疗行为和教学行为。因此，对教学医院的评鉴立法具有必要性。

教学医院的评鉴可从医疗服务质量、临床学习环境和生活环境、教学条件、教学运行状态、教学可持续发展能力、教学效果等方面开展。

《政府信息公开条例》第9条规定，行政机关对符合下列基本要求之一的政府信息应当主动公开：(1) 涉及公民、法人或者其他组织切身利益的；(2) 需要社会公众广泛知晓或者参与的；(3) 反映本行政机关机构设置、职能、办事程序等情况的；(4) 其他依照法律、法规和国家有关规定应当主动公开的。评鉴合格的教学医院名单及其资格有效期间是涉及公民、法人或者其他组织切身利益的事项；教学医院的评鉴办法、教学医院教学能力评价指标体系反映了卫生健康部门等行政机关的办事程序等，故国务院及卫生健康部门应主动公开。

第九十一条【教学医院教学发展基金提存制度】

> 为了保证教学医院教学活动的顺利开展，提高医学人才培养质量，应当建立教学医院教学发展基金提存制度。

【立法说明】

本条是关于教学医院教学发展基金提存制度的规定。

教学是人才培养和学科建设的基础，教学医院的教学发展基金是影响医学实习生培养质量的重要因素。因此，建立教学医院教学发展基金提存制度具有必要性。

在我国确定社会主义市场经济体制目标后，作为债法体系中的重要制度，国家先后对提存进行了一系列立法。1980年《中华人民共和国经济合同法》在第19条第4款规定了提存；1988年最高人民法院《关于贯彻执行

〈中华人民共和国民法通则〉若干问题的意见（试行）》第 104 条明确了提存是债的消灭原因；1995 年司法部施行《提存公证规则》，对办理提存事务作出规定；1999 年《中华人民共和国合同法》针对提存作了规定；2007 年《中华人民共和国物权法》也规定了提存制度。上述规定均已被民法典所吸收。

医院的教学经费是用于医院教学、培训等的经费，它不仅包括财政拨付的住院医师规范化培训等指定用途的补助，还包括大学拨付的教学经费、实习经费、社会各界的公益捐赠、医院自筹的经费等。

提存教学医院教学发展基金的作用有：

第一，教学医院建立教学发展基金提存制度可以稳定教学医院教学发展基金水平，有利于维护医学实习生的实习权利；

第二，在有计划外的教学科研需求资金时，提供较为稳定的资金来源，减少对医药公司资金投入的依赖，有利于加速资金的流转；

第三，提存教学发展基金有利于促进医学事业的发展，提升社会的整体公共卫生利益。

教学医院可按月计提存教学发展基金，计入医院运营成本，并从医疗服务收入中得到补偿，形成教学发展基金。

第六章　医疗人力资源

第九十二条【全科医师与专科医师】

全科医师是接受全科医学专门训练的，面向个人、家庭和社区提供优质、方便、经济有效的、一体化的基层医疗保健服务，进行生命、健康与疾病全方位负责式管理的执业医师。国家鼓励培养全科医师。专科医师是接受专科医学训练，依注册执业范围从事某一专门医学专业医疗服务的临床执业医师。

【立法说明】

本条是关于全科医师与专科医师的规定。

加强基层医疗卫生工作是医药卫生事业改革发展的重点，是提高基本医疗卫生服务的公平性、可及性的基本途径。医疗卫生人才是决定基层医疗卫生服务水平的关键。我国正处于医疗卫生体制改革的关键时期，加强基层卫生服务体系建设，发挥其在基本医疗和公共卫生服务中的作用是医疗改革要求的目标之一，其中最关键的一环就是人才培养。尤其是全科医生培养，在基本医疗卫生服务中发挥着重要作用。

全科医生在国际上的定义是为个体、家庭和社区提供基本的、连续的、综合的医疗卫生保健服务的医生，必要时安排其他专业人员提供需要的服务。《国务院关于建立全科医生制度的指导意见》（国发〔2011〕23号）（以下简称《指导意见》）将其概括为："综合程度较高的医学人才，主要在基层承担预防保健、常见病多发病诊疗和转诊、病人康复和慢性病管理、健康管理等一体化服务，被称为居民健康的'守门人'。"目前我国主要的临床执业医师是依注册执业范围从事某一专门医学专业医疗服务的专科医师。

分级诊疗是我国医疗卫生体制改革最大的难题之一，目的是实现"有序就医"和"有效就医"。有研究表明，自我国分级诊疗综合改革实施以来，基层医疗卫生机构门急诊量有所增加，"有序就医"已取得初步成效，但"有效就医"尚不理想。首诊选择基层医院的患者较为有限，因为百姓主要的期待——就医体验的便捷性、有效性和低廉性等，在基层难以真正得到满足。基层医疗机构要获得百姓的真正认可，防病、治病能力必须同步提高，即使是治疗常见病、多发病也要有显著的特色。因此，要做到以全科为核心，以适宜的专科或专病为纽带，全科、专科协同发展。

第九十三条【口腔医师】

口腔医师是针对口腔常见病、多发病进行诊治、修复和预防工作的执业医师。

【立法说明】

本条是关于口腔医师的规定。

口腔医师主要针对口腔常见病、多发病进行诊治、修复和预防工作。口腔疾病对治疗的操作要求超过了对诊断的要求，精细的治疗操作技术是口腔疾病诊治的关键。口腔疾病诊疗融检查、诊断、保健和治疗于一体，诊疗方法大多为单人局部操作，极少全身用药，这就对口腔医师提出了很高的操作要求。口腔医师的职责不只是口腔修复、清洁与种植牙齿，还包括开展牙体牙髓、牙周疾病及各种口腔黏膜病的防治，进行口腔颌面部肿瘤根治手术、唇裂腭裂整复手术（兔唇修复）、牙正畸与正颌手术联合矫正"地包天"畸形（龅牙修复）等。口腔科住院患者少，几乎均为门诊患者。

2001年卫生部《关于医师执业注册中执业范围的暂行规定》限定口腔医师执业范围为口腔医学。2006年卫生部《关于修订口腔类别医师执业范围的通知》又分别增设了口腔麻醉专业、口腔病理专业、口腔影像专业等三个专业项目,由此我国口腔医师执业范围调整为四个专业项目。1994年卫生部《医疗机构诊疗科目名录》中规定口腔科二级诊疗科目分别为口腔内科专业、口腔颌面外科专业、正畸专业、口腔修复专业、口腔预防保健专业、其他等六个科目。2010年卫生部《关于修订口腔科二级科目的通知》将口腔内科分别调整为牙体牙髓病专业、牙周病专业、口腔黏膜病专业、儿童口腔专业等四个二级科目,并增设了口腔种植专业、口腔麻醉专业、口腔颌面医学影像专业和口腔病理专业等四个诊疗科目。至此,我国口腔二级诊疗科目设置共13个,形成了与国际接轨的较为完善的诊疗科目体系。

第九十四条 【心理医师】

心理医师是经医学专业培训,具有处方权,从事心理咨询与心理治疗服务的执业医师。

【立法说明】

本条是关于心理医师的规定。

心理医师是从事心理健康服务的工作者,需具备相应专业学历,且从事本专业技术工作满一定年限,经考试获得由卫健委认证的"心理治疗师"资格。其服务对象是轻度的精神病人和非精神病人但有心理障碍的人。心理医师具有处方权,心理治疗的方法包括药物治疗和心理干预。

我国心理健康服务团队应包括精神科医师、护士、心理医师、心理咨询师、职业康复师、医务社会工作者等角色。其中,精神科医生、护士、心理医师属于医学专业人才,是我国心理健康服务团队中的主要力量,在我国十分短缺。心理咨询师、职业康复师、医务社会工作者是我国心理健康服务团队中的重要补充,在全国范围内人数众多,帮助缓解团队中医学专业人才短缺的问题。其中,心理咨询师是一种健康管家职业,很多人将心理咨询师误认为心理医师,但事实上两者之间存在很大的区别。

首先,心理咨询师解决的是健康人群的心理问题,而心理医师则是治疗轻度精神病或已经达到医学诊断标准的心理障碍。其次，心理咨询师是一种职业资格，且于 2017 年起不再是人力资源和社会保障部公布的国家职业资格之一。心理医师是由国家卫生健康委认证的心理治疗师，代表了其医学属性。最后，心理医师具有处方权，能够通过药物治疗服务对象。心理咨询师则仅能通过心理干预协助求助者改善心理状况，不具备进行心理治疗的资格。

第九十五条 【病理医师】

病理医师是研究疾病的病因、发病机制、病理变化结局和转归，作出病理诊断的执业医师。

【立法说明】

本条是关于病理医师的规定。

病理学（Pathology）是研究疾病的病因、发病机制、病理变化结局和转归的医学科学。病理学的诊断方法包括以下三点：活体组织检查、细胞学检查和尸体解剖。病理诊断被医学界公认为疾病诊断的"金标准"，也是为患者提供个体化治疗的基本保证。病理诊断报告的准确与否将直接影响患者的健康和命运，尤其在肿瘤治疗中的作用也越来越大。

病理医师依据病理标本的大体形态以及镜下形态为临床医师提供诊断依据，病理的标准往往是金标准，是下一步治疗的基础。同时，病理医生通过快速冰冻病理为正在进行手术的外科医师提供快速诊断，使外科医师明确手术范围。在临床要求下，一些有资质的医院可以进行尸体解剖检查，作出病理诊断，以总结临床诊治经验及教训。

尽管病理医师所在的病理科被划入辅助科室，病理科却是标准的临床科室。在国外，病理科是与外科、内科同等重要的临床科室。美国还有融病理和检验为一体的大病理中心，独立于医院之外运行。相比其他科室，病理科更需要积累与经验。这也直接决定了病理医师培养不会是"短平快"的过程，而是需要长时间的累积与多年从业经历的沉淀。多方面的原因导致病理医师在我国十分紧缺，病理科技术水平也普遍薄弱，这导致基层医院对疑难病例有较高的误诊率。

第九十六条 【麻醉医师】

麻醉医师是提供临床麻醉、生命机能调控、重症监测治疗和疼痛诊疗服务的执业医师。

【立法说明】

本条是关于麻醉医师的规定。

麻醉学科是临床医学的一个分支，如同内科、外科、妇产科、儿科等。麻醉科医师跟所有内外妇儿的医生一样，具有执业医师资格，可进行临床执业。麻醉科医师的职责在于保证病人在无痛、安全的前提下和手术医师共同完成手术。现代麻醉学范畴已不局限于手术室内，还包括特殊临床麻醉、急慢性疼痛诊疗及门诊、ICU、心肺脑复苏和癌痛治疗及血管痉挛性疾病的治疗等。现代麻醉的技术和完善的监护系统可以确保正常病人麻醉手术期间的安全。但由于病人的特殊病情和每个人对麻醉药耐受和反应不同，这要求麻醉科医师可随时采取应急措施，同时也增加了要承担的风险。

麻醉医师需有广泛的知识才能胜任，需具备生理、病理、药理、内科、外科、妇儿、麻醉等基础和临床医学多学科知识；需要全面掌握毒麻药物、抢救药物作用机理以及急救技能，如心肺复苏、气管插管，熟练应用心电监护、呼吸机等设备，能独立胜任各类手术麻醉，指导术后镇痛；具有高度责任心、良好的职业道德，严谨的工作态度。

随着医学的不断发展，麻醉药越来越多，包括静脉麻醉药、吸入麻醉药、止痛药、肌松药和局麻药。这一方面增加了麻醉医师的手段，另一方面要求麻醉医师掌握一些新药的药代①和药效知识及使用方法，同时监测已发展成为麻醉的重要部分。

> **第九十七条 【透析医师】**
> 透析医师是提供血液透析医疗服务的临床执业医师。

【立法说明】

本条是关于透析医师的规定。

血液透析（HD）是急慢性肾功能衰竭患者肾脏替代治疗方式之一。它通过将体内血液引流至体外，经一个由无数根空心纤维组成的透析器，血液与含机体浓度相似的电解质溶液（透析液）在一根根空心纤维内外，通过弥散、超滤、吸附和对流原理进行物质交换，清除体内的代谢废物、维持电解质和酸碱平衡；同时清除体内过多的水分，并将经过净化的血液回输的整个过程。经血液透析专业培训后，向患者提供血液透析医疗服务的临床执业医师是透析医师。

透析科室需要配置持有医师执业证书的医生、有效执业证书的护士和技师。血液透析从业医生、护士、技师应接受过不少于3个月的血液透析专业培训。

透析医师不同于透析技师。透析医师需依据血液透析规范化要求为患者制订或调整透析方案，处理急、慢性并发症，定期查房，监督、评估患者的透析质量。透析技师则需要具有技师或工程师资质，具备机械和电子学知识及一定的医疗知识，熟悉透析机和水处理设备的性能、结构、工作原理和维修技术，并负责其日常维护，保证正常运转；负责定期进行透析用水及透析液的检测，确保其符合质量要求。透析医师的服务对象是需要进行透析的患者，透析技师的服务对象则是透析机器。

---

① 即药物在人体内的吸收、分布、代谢、排泄。

第九十八条 【放射医师】

放射医师是依据放射诊断设备产生的图像资料，经诊断、审核形成影像学诊断报告的执业医师。

【立法说明】

本条是关于放射医师的规定。

放射医师的职责主要是进行普通X线片、电子计算机体层摄影（CT）、与磁共振成像（MRI）等医学影像工作，为临床医生提供诊断支持。在中国，放射学无疑是近年来发展最快的学科之一。各医疗机构快速购置和更新医学影像设备，数十年来医学影像专业技术人才一直处于供不应求的状态。

然而大量最新的医学影像设备进入放射科，却没有足够的专业技术人员去充分挖掘和处理信息，一方面部分重要的信息没有引起足够的重视或被忽略，另一方面太多冗余的信息令放射科医师疲于应付、无所适从。临床医师和放射医师处于信息不对称状态，加上合格专业人才的匮乏，许多机器的先进功能被闲置。

事实上，放射科的角色定位更多地体现为图像采集者和图像处理者，而图像解读者和治疗引导者的作用远没有充分发挥或正在逐渐减弱。临床医师越来越依赖于放射科的设备，但是却越来越疏远放射科的医生，放射科医师有被边缘化的危险。曾经主要由放射科医师控制的介入放射学操作现在越来越多地被临床医生"反介入"，有的医院放射科已经沦为单纯的"机器看管者"。

第九十九条 【护理人员与辅助护理员】

护理人员与辅助护理员指有能力在医院、养老机构、临终关怀机构、社区卫生服务中心、家庭等场所从事基本的护理技术服务，帮助服务对象保持、恢复和促进健康，维持生命，减轻痛苦，预防疾病，提高生活质量的人员。

【立法说明】

本条是关于护理人员与辅助护理员的规定。

对于住院患者而言，对其提供的护理服务可大致分为两个方面，一是与医学知识技能紧密相关的医疗护理，如打针、输液、插拔引流管、发药、康复训练等操作；另一方面是对医学知识技能要求非常有限的生活护理，如洗脸、洗脚、刷牙、吃饭、大小便、翻身等。对于医疗护理工作，由于都是直接具有医疗性质的操作，所以必须由具有专业医学知识与技能的护士完成，对此，似无争议也无讨论价值。对于生活护理工作，由护士负责并不合适。

护士，是指经执业注册取得护士执业证书，依照《护士条例》规定从事护理活动，履行保护生命、减轻痛苦、增进健康职责的卫生技术人员。国务院卫生健康主管部门负责全国的护士监督管理工作，县级以上地方人民政府卫生健康主管部门负责本行政区域的护士监督管理工作。护士数量短缺是目前各国普遍存在的问题，而此问题在中国则显得尤为严重。鉴于我国当前护士数量严重匮乏，不宜再增加工作负担，对医学知识技能要求非常有限的生活护理应当由其他人员负责，即护理人员与辅助护理员。

护理人员与辅助护理员应由医院聘任管理，上岗前要经过至少3个月的正规培训。经过培训护理人员可以掌握基本医疗知识，具备护理工作所需要的护理技能，这样有利于他们更好地为患者提供生活服务和协助护士进行病情观察等工作。经过培训之后，护理人员与辅助护理员还要通过劳动部门为其安排的考试，成绩合格才能上岗从业。

第一百条【药剂师】

药剂师是负责提供药物知识及药事服务的专业人员。

【立法说明】

本条是关于药剂师的规定。

药剂师或称药师，是负责提供药物知识及药事服务的专业人员。药剂师是药物专家，同时也是解答大众有关药物问题的最适当人选。药剂师负责监察医生所开处方的数种药物中有否出现药物相互作用；并根据病人的病历、医生的诊断，为病人建议最适合他们的药物剂型、剂量。

我国自1956年开始实行卫生技术人员职务晋升制度，将药剂人员的职务分为高、中、初三级；高级为主任药师、药师；中级为药剂士；初级为药剂员。现行的中药、西药人员中的卫生技术人员职务分为主任药师、副主任药师、主管药师、药师和药士。医疗机构药剂师的职责是保障病人及时用药、安全用药和有效用药。根据《药品管理法实施条例》规定，医疗机构审核和调配处方的调剂人员必须是依法经资格认定的药学技术人员。对麻醉药品和第一类精神药品处方，处方的调配人、核对人应当仔细核对，签署姓名，并予以登记；反之，不符合规定的应当拒绝发药。

执业药师制度在药品生产企业和药品经营企业实施。凡我国公民和获准在我国境内就业的外国人具备条件的，均可申请参加执业药师资格考试。执业药师资格考试合格者，由各省、自治区、直辖市人事（职改）部门颁发人事部统一印制的、人事部与国家药品监督管理局用印的《中华人民共和国执业药师资格证书》，该证书在全国范围内有效。

经营处方药、甲类非处方药的药品零售企业应当配备药剂师。药品零售企业的药师需遵守职业道德，忠于职守，对药品质量负责，以保证人民用药安全有效为准则。药品经营企业中，销售药品尤其是调配处方的职权由药师行使。

第一百零一条 【中药炮制、制剂人员】

中药炮制、制剂人员是根据操作规范炮制中药、配制药剂的专业人员。

【立法说明】

本条是关于中药炮制、制剂人员的规定。

中药必须经过炮制之后才能入药，是中医用药的特点之一。中药炮制是根据中医药理论，依照辨证施治用药的需要和药物自身性质，以及调剂、制剂的不同要求所采取的制药技术。中药炮制是中医长期临床用药经验的总结。炮制工艺的确定应以临床需求为依据。炮制工艺是否合理、方法是否恰当，直接影响临床疗效，如中药的净制、切制、加热炮制与加辅料制均可影响临床疗效。

药物供临床使用之前都必须制成适合于医疗或预防应用的形式，称为剂型，如片剂、注射剂、气雾剂、丸剂、散剂、膏剂等。中药制剂是以中医药理论为指导，既继承了传统的中药制剂的方法，又运用了现代科学的理论技术来研究中药剂型、制剂的配制理论、生产技术、质量控制和临床药效学的科学。制剂的中心内容是研究制剂的生产工艺和理论，使制剂的生产工艺合理，质量符合各项规定要求，疗效突出，毒副反应小，便于生产、服用、携带、运输、贮藏，社会效益好，经济效益高，以最大限度地发挥药物疗效的目的。

中药炮制、制剂人员按照医师临床处方所开列的药物，依据中医理论、药材特点准确地为患者炮制药材、配制药剂。

第一百零二条 【检验师】
检验师是负责检验人体体液、血液、排泄物、感染微生物等标本，通过客观准确的化验指标，为临床医生提供治疗依据的专业人员。

【立法说明】

本条是关于检验师的规定。

医学检验（medical laboratory science，MLS）是对取自人体的材料进行微生物学、免疫学、生物化学、遗传学、血液学、生物物理学、细胞学等方面的检验，从而为预防、诊断、治疗人体疾病和评估人体健康提供信息的一门科学。

医学检验师应掌握基础医学、临床医学、医学检验、实验诊断等方面的基本理论知识和实验操作能力，同时比较全面地掌握自然科学和人文社会科学知识。

医学检验师是临床工作不可缺少的部分，其负责检验人体体液、血液、排泄物、感染微生物等标本，通过客观准确的化验指标，为临床医生提供治疗依据。医学检验是一门复杂的综合医学专业技术学科，随着科学技术的发展和实验方法学的进步，目前大部分检验都是仪器操作，检验师需要不断提高专业技术能力。

检验师与检验士之间存在区别。医学检验士又称检验技师，主要从事待测检验标本的检验技术操作、质量控制、仪器校准维护等技术性的检验医学临床应用工作。主要工作内容为收集血液、尿液、粪便及其他体液样品进行实验前处理和分类；运用血液学、临床化验、免疫学、分子生物学、血型血清学、微生物学等专业技术，进行样品的体外分析、检验并作出报告。检验师又称检验医师，负责检验人体体液、血液、排泄物、感染微生物等标本，通过客观准确的化验指标，为临床医生提供治疗依据。

第一百零三条 【院前急救人员】

院前急救人员是在患者到达医院前凭借具有通信器材、运输工具和医疗基本要素所构成的专业急救机构实施现场抢救和途中监护医疗活动的医务人员。

【立法说明】

本条是关于院前急救人员的规定。

现代急救医疗体系一般分为三个阶段：一是院前急救，包括现场急救和途中运送救护，这一阶段要求实现社会化；二是医院急救，即决定性救治，这一阶段要求达到专业化；三是救治缓解后的康复治疗，这一阶段要求达到家庭化。在这三个阶段中，院前急救时间最短，是决定危重患者抢救能否取得成功的关键。国际上许多先进国家均建立了"急救医疗服务体系"

（EMSS），即将院前急救、急诊室诊治、ICU 救治形成一个完整体系。

院前急救又称院外急救，在急救医疗体系中占据最为重要的地位，它反映国家、社会对重大伤害、疾病的应急能力，反映公民对疾病的自我急救和救助他人的知识和能力。

院前急救人员包括医师、护士、医疗救护员。医师和护士应当按照有关法律法规规定取得相应执业资格证书。医疗救护员应当按照国家有关规定经培训考试合格取得国家职业资格证书；上岗前，应当经设区的市级急救中心培训考核合格。医疗救护员是当前医学专业院前医疗急救人员的重要补充，运用救护知识和技能，对各种急症、意外事故、创伤和突发公共卫生事件施行现场初步紧急救护。

因院前急救的特殊性，院前急救人员需要掌握各种常见急症的急救、护理操作技术，具有较强的语言沟通能力，良好的心理素质，较强的身体素质。

第一百零四条 【助产士】

助产士是在正式助产学校学习或具有同等能力，能独立接生和护理产妇的护士。

【立法说明】

本条是关于助产士的规定。

助产士在产科主任和护士长的领导下及医师指导下，负责正常产妇的接产工作、协助医师进行难产的接产工作，做好接产准备，注意产程进展和变化。助产士的技术水平和操作能力关系着母婴的安危，因为其工作性质决定了助产士集接生、护理于一身，且在产程中对产妇的陪伴时间要较产科大夫长，因此也能更细致地捕捉到产妇在整个产程中细微的生理以及心理方面的变化。

在我国，助产服务以产科医生为主导，助产学从属于护理专业，既非独立学科，也无专业体系，与国际水平相去甚远。在绝大部分国家和地区，助产领域实行独立的注册准入制度，助产士有相对独立的国际管理机构和组织。助产士注册后享有基本的检查、处方权。常规的孕期随访、检查和正常自然分娩完全可以由助产士全程管理，医院专科医生主要负责对高危病例的管理。

新西兰助产学的发展具有百年历史，与产科医生主导模式不同，助产士主导模式强调助产士是孕妇孕期主要照顾者，通过助产士给产妇提供连续性照顾的专业医疗服务，能够提高自然产率，减少妊娠期的住院时间，减少药物镇痛与产时麻醉，降低会阴侧切率，降低新生儿复苏率，同时也能增加产妇对分娩过程的满意度。

虽然我国已建立了相对完善的妇幼保健体系，但助产士仍从属于护理专业，在注册和职称晋升上，助产专业对应的体系尚属空白。

第一百零五条【放疗医师】

放疗医师是具有专业资质，提供放射治疗服务的执业医师。

【立法说明】

本条是关于放疗医师的规定。

放射诊疗，是指使用放射性同位素、射线装置进行临床医学诊治疗和健康检查的活动。国家卫生健康主管部门负责全国放射诊疗工作的监督管理，县级以上地方人民政府卫生健康主管部门负责本行政区域内放射诊疗工作的监督管理。

放射诊疗工作按照诊疗风险和技术难易程度分为四类：（1）放射治疗，是指利用电离辐射的生物效应治疗肿瘤等疾病的技术；（2）核医学，是指利用放射性同位素诊断或治疗疾病或进行医学研究的技术；（3）介入放射学，是指在医学影像系统监视引导下，经皮针穿刺或引入导管做抽吸注射、引流或对管腔、血管等做成型、灌注、栓塞等，以诊断与治疗疾病的技术；（4）X射线影诊断，是指利用X射线的穿透等性质取得人体内器官与组织的影像信息以诊断疾病的技术。

从事放射治疗工作的人员应当具备以下条件:(1)开展放射治疗工作的,应当具有中级以上专业技术职务任职资格的放射肿瘤医师,病理学、医学影像学专业技术人员,大学本科以上学历或中级以上专业技术职务任职资格的医学物理人员,放射治疗技师和维修人员。(2)开展核医学工作的,应当具有中级以上专业技术职务任职资格的核医学医师,病理学、医学影像学专业技术人员,大学本科以上学历或中级以上专业技术职务任职资格的技术人员或核医学技师。(3)开展介入放射学工作的,应当具有大学本科以上学历或中级以上专业技术职务任职资格的放射影像医师,放射影像技师相关内、外科的专业技术人员。(4)开展 X 射线影像诊断工作的,应当具有专业的放射影像医师。

第一百零六条 【超声医师】

超声医师是具有专业资质,提供超声诊断服务的执业医师。

【立法说明】

本条是关于超声医师的规定。

超声医学是超声学与医学结合,或将超声技术应用于医学各部门而形成的学科,主要包括超声在基础医学、临床医学、卫生学及其他医学领域中的研究与应用。该学科随着超声检测与超声处理的发展在不断发展,如超声成像技术的成就很快被应用于超声医学中。

超声医师主要借助于超声仪为临床医生提供医学诊断基础。与临床结合较为紧密的有妇产科,以及心脏、肝脏等内脏器官的检查。随着医学的发展,超声医学可以实施特殊腔内超声检查和介入超声活检,并能在超声引导下介入治疗。

超声医师应当具备相关医学基础知识,以及解剖学基础,熟练使用专业化的仪器和电子设备,具有高度的责任心、良好的职业道德、严谨的工作态度、较强的综合分析能力、敏锐的洞察力。

随着计算机技术的飞速发展,医学影像技术已经广泛用于各种疾患的检查和诊断，在临床上发挥着重要作用。目前，我国影像医学技术在临床应用领域内许多方面具有国际先进水平，有些研究项目已步入世界先进行列。但在基础理论研究、医学生物工程技术包括计算机和仪器设备的研制以及新的影像技术开发等方面，与先进国家相比还有一定差距。

第一百零七条 【呼吸治疗师】

呼吸治疗师是在执业医师的指导下，对心肺功能不全或异常者给予诊断、治疗和护理服务的专业人士。

【立法说明】

本条是关于呼吸治疗师的规定。

呼吸治疗师是一种新兴的医学职业，其工作是在执业医师的指导下，对心肺功能不全或异常者给予诊断、治疗和护理，具体包括：对急性危重病人提供各种通气治疗和氧疗；各种医疗气体的使用与监测；各种雾化及气溶胶治疗与监测；心肺复苏及其器具的使用与维护；肺康复治疗；其他技术操作，如血气分析、肺功能监测、高压氧舱治疗等。

国际上拥有呼吸治疗体制的大多数国家和地区是在医院内成立呼吸治疗科，其业务辐射重症监护室、急诊室、普通病房、门诊、辅助科室（如气管镜室、肺功能检查室、睡眠室等）、康复医疗中心、社区医疗、家庭治疗、护理院等，治疗对象为心肺功能不全或异常患者，慢性呼吸衰竭者（如慢性阻塞性肺疾病、哮喘等），急性呼吸衰竭者（如ARDS、心搏骤停、休克等），慢性心功能不全者，老年患者，心肺系统发育尚未成熟的新生儿患者。此外，还面向大众承担疾病预防、戒烟指导、健康宣教等工作。

由于长期以来重视临床医学教育，忽视医学相关类专业人才培养，近年来，国内医科院校仍多按传统体制惯性运行，专业设置受到限制，缺少市场敏感性和多元化取向。呼吸治疗师培养仅限于沿海省区个别医院呼吸科临床医生专业定向培训。呼吸治疗队伍一直处于未分化状态，大多数医学院、医院的呼吸治疗专业尚未设立，呼吸治疗工作主要由从事呼吸及 ICU 的医生和经过特殊培训的护理人员共同承担。随着我国医疗诊治技术的发展，很多医院陆续建立了危重症监护病房，配备了呼吸机、除颤起搏器、心脏监护仪等设备，但由于缺乏相关专业人才，设备利用率低，影响了诊治水平。

第一百零八条【康复治疗师】

康复治疗师是通过药物、运动训练、器械等方法促进患者恢复健康的专业人士。

【立法说明】

本条是关于康复治疗师的规定。

康复治疗师应熟悉人体解剖学知识，具备一定的医学基础知识，熟练掌握各种康复治疗技术，能应用现代康复仪器，并明确仪器的治疗作用、注意事项、适应症及禁忌症等；具有高度的责任心、良好的职业道德、足够的耐心及体力，较强的综合分析能力、敏锐的洞察力；具有卫生专业技术资格证书。负责接待病员康复咨询、功能检查评定、安排短期康复训练项目，推荐部分有条件的病员购买使用智能康复器械，进行长期被动伸展运动，预防肌肉萎缩、促进或保持病员功能恢复等相关治疗。

康复治疗师注意观察病情、治疗效果及反应，如有反应及时处理；及时与临床医师（或称康复医师）讨论治疗方案，提出合理化建议，指导家属和护士，参与执行相关必要的康复活动。

康复治疗是一个大类，又可细分为药物治疗、手术治疗、物理治疗，作业治疗，言语吞咽治疗，康复心理治疗，康复工程。因国内康复还处于起步阶段，所以我国康复人才的培养多数并未细分，统一归类到康复治疗专业。

目前国内尚无康复医师，已有的"康复医师"大多是从临床或中医医师考取主治后转行到康复科的。康复医师首先要经过 5 年临床学习，再经过 3 年康复医学专业学习，考取全国执业医师（主治）资格证书后，根据资质报考副主任康复医师、主任康复医师。

第一百零九条 【医务社会工作者】
医务社会工作者是在医疗机构中为患者提供非医学诊断和非临床治疗的心理关怀、社会服务的专业社会工作者。

【立法说明】

本条是关于医务社会工作者的规定。

社会工作是政府主导社会力量广泛参与的，以为民解困和助人自助为宗旨的，以科学的理论和方法为手段的专业性、职业化的社会服务工作。社会工作也是一种以助人为宗旨、运用各种专业知识、技能和方法解决社会问题的专门职业，是确保社会和谐稳定的重要制度。社会工作者，简称社工，是指在社会福利、社会救助、社会慈善、残障康复、优抚安置、医疗卫生、青少年服务、司法矫治等社会服务机构中从事专门性社会服务工作的专业技术人员。

医务社会工作者简称医务社工，随着生物－心理－社会医学模式的发展，是现代卫生系统中"不可缺少"的重要专业技术人员。医务社工的存在改变了之前医院单纯的治疗"身体疾病"的模式，让患者在医院能够得到身心各方面的照顾。医务社工的工作比较繁杂，不仅每天到病房走访新住院的患者，解答患者提出的各种疑问，协调患者遇到的服务问题，帮助有困难的病人就诊，还要协助处理情绪不稳或自杀病人、路倒病人或无名氏、无家属病人，以及受虐儿童或受暴妇女、经济困难的病人或对医疗有抱怨的病人，对出院患者进行电话回访，定期到社区进行健康宣教，日常对志愿者的管理等。

医院是否设立医院社会服务部或社会工作部等机构，已成为衡量、检验、评价医疗服务质量与现代化程度不可缺少的重要指标之一。

第七章 附 则

第一百一十条【医务人员、医疗辅助人员的定义】

本法所称医务人员指医疗机构中持有卫生健康主管部门核发的卫生技术专业资格证书的人员。

医疗辅助人员是指不具备医学职业资质,为医疗活动提供较低难度且与医疗相关的协助人员。

【立法说明】

本条是关于医务人员、医疗辅助人员的规定。

医务人员有狭义和广义之分。狭义的医务人员,是指在医疗机构工作的卫生技术人员。根据《医疗机构管理条例实施细则》规定,卫生技术人员,是指按照国家有关法律、法规和规章规定,取得卫生技术人员资格或者职称的人员。广义的医务人员,是指在医疗机构工作的卫生人员,包括取得卫生技术人员资格或者职称的人员和没有取得卫生技术人员资格或者职称的人员。在医疗机构,非医务人员不得从事卫生技术工作。本法中医务人员指狭义范畴的专业人员。

由于学术研究关注度低,涉及医辅人员的研究极少。对医辅人员的描述主要集中于以下两种观点:一种认为,医辅人员是对医疗活动进行协助的非医学专业人员,协助工作内容技术含量较低;另一种认为,医辅人员是在诊疗活动中不起主要治疗作用的医学专业人员,工作中需要使用医学知识,具备专业资质。尽管在诊疗活动中不起主要治疗作用,但在医疗辅助科室工作的医学专业人员具备专业资质,属于医疗执业人员范畴。这类人员属于现行有效医事法律的调整对象，有相应的管理办法，不会影响医疗活动的正常、有序开展。反观第一种观点，这类人员虽然工作技术含量较低，但由于他们不具备足够的医疗专业知识，在辅助医疗工作的过程中难免产生问题，造成不良后果。同时，这类人员受到的职业管理不具备医学特殊性，难以满足实际管理需求，更需要相关制度对其规范。因此，医辅人员应当是不具备医学职业资质，为医疗活动提供较低难度协助的人员。

值得注意的是，医辅人员的辅助工作必须与医学、医疗相关。在医院中从事与医疗无关的工作不属于医辅人员的范畴。例如，在医院工作的保洁员不因工作场所的不同而具备特殊身份，成为医辅人员。

综上所述，医辅人员指不具备医学职业资质，为医疗活动提供较低难度且与医疗相关的协助人员。

第一百一十一条 【医疗行为、主要医疗行为与辅助医疗行为的定义】

本法所称医疗行为是指为维护人体生命健康或提高患者生活质量，依据医学知识与技术，对人体的结构或生理机能发生影响或改变的行为的总称。

主要医疗行为是指必须由医务人员实施的医疗行为；辅助医疗行为是指在医务人员指导下，经由医疗辅助人员实施的医疗行为。

【立法说明】

本条是关于医疗行为的规定。

医疗行为作为医事法律关系的客体，既是执业医师权利、义务共同指向的对象，也是医患双方建立互动关系的主要环节。按照法律行为的构成三要件，即主体、标的、意思表示，考察医疗行为的定义，以保证定义的精密度和准确度。

1. 主体。实施医疗行为的主体应当是具有执业资格的医生。根据2009年1月卫生部、教育部印发的《医学教育临床实践管理暂行规定》，经患者同意参加诊疗活动的实习生也可以成为医疗行为的主体。应当注意的是，并不是医生所有的行为都是医疗行为，医疗行为要在正常的医事活动中进行。如果不是医生在正常医疗活动中进行的行为，而是发生在其他场合，如为他人偷取节育环、私自为他人堕胎、未经批准擅自外出会诊等，则属于非法行医行为，情节严重的构成非法行医罪。

2. 标的。法律行为的标的，是指法律行为的内容。医疗行为的标的，是指医生依据医学知识与技术，实施的对人体的结构或生理机能发生影响或改变的行为，包括医学美容、义诊等活动。医疗行为的内容，是指医生依据医学知识与技术，实施的对人体的结构或生理机能发生影响或改变的行为。随着医疗技术水平的进步和人类对于医学期待值的提升，医疗的形态发生了巨大的变化。因此，对医疗行为内容的界定也要根据医学水平、人们生活方式的变化及卫生思想的普及等因素综合进行确定。医疗行为是根据医学知识和技术而为的行为，不应当包括医院为医疗行为提供服务的后勤和管理等活动。

医疗行为包括药房司药的发药行为。因为司药行为表面上看仅仅是药物的给予，但是需要药剂师的专业知识。有学者认为，司药行为也是医师的治疗行为的有机补充，司药可以被认为是医师的诊断、治疗行为的辅助，因而其发药行为亦属于医疗行为。

医疗行为包括医学美容。2000年卫生部颁布《关于加强美容服务管理的通知》，该通知将美容分为生活美容与医疗美容，其中医疗美容行为已经对人体的结构或生理机能发生影响或改变，而且这类美容行为的实施必须以医学知识与技术为指导来进行，否则不足以保证人身安全。医疗美容包括重睑形成术、假体植入术、药物及手术减肥术等医疗项目，应符合《执业医师法》[①]、《医疗机构管理条例》的规定，由卫生健康主管部门登记并取得医疗机构执业许可证后才能进行，所以医疗美容属于医疗行为范围。

义诊中参加医疗咨询的人必须是医生，在咨询过程中，医生运用医学知

---

① 现行参照《中华人民共和国医师法》。

识和技术回答患者提问,与通常的问诊行为相同。咨询后,尽管在当时未能影响或改变患者的身体结构或生理机能,但是患者咨询后往往依据医生的建议去买药,从而实现服药或自我治疗的目的,达到导致人体形态或功能改变的效果,只不过与典型的医疗行为相比,该结果是医疗行为事后发生的。如果患者没有采纳医生的建议,医疗行为改变人体形态或功能的效果就没有出现,不符合医疗行为的定义,医生的咨询行为就不是医疗行为,也不必对患者负医疗损害责任。

3. 意思表示。意思表示,是关于人的意思活动的法概念。医疗行为的动机是为患者提供医疗服务;效果意思是为治疗患者的疾病,或者是为满足患者维护健康的需求;表示意思是医生形成向患者表达要为其提供医疗服务的意识;表示行为是医生向患者表达要为其提供医疗服务的行为。医疗行为包含了通常定义上的寻医问药行为,但是随着生活质量的提高,诸如医学整形、针灸减肥、洗牙等行为也属于医疗行为。可见医疗行为的目的已不限于为患者治病,还包括提高患者生活质量。因此,以出于诊疗目的为核心的狭义医疗行为的范围已远远不能涵盖所有医疗行为的目的。

综上,医疗行为应界定为,具有执业资格的医生以维护人体生命健康或提高患者生活质量为目的,依据医学知识与技术,影响或改变人体的结构或生理机能的行为。

根据行为主体在医疗活动中所处的地位和发挥的作用,区分为主要医疗行为与辅助医疗行为。主要医疗行为,是指决定患者健康和生命权益的医疗行为,即执业医师亲自实施的诊疗行为。这是患者康复的关键因素,直接影响疾病的治愈。

辅助医疗行为,是指在执业医师指导下,经由其他医疗辅助人员实施的医疗行为,如护理行为、放射线治疗等。医疗行为的完成依赖于专门的医疗知识和技术,且当前医疗资源越发供不应求,因此,在执业医师的指导下,可以允许具有相应资质的医疗辅助人员实施危害性较低的医疗行为。

第一百一十二条 【实验性医疗行为的定义】

本法所称实验性医疗行为指医疗机构依医学理论在人体实行,通过动物实验证明有效的新医疗技术、新药品、新医疗器材等实验研究的行为。

【立法说明】

本条是关于实验性医疗行为的规定。

根据医疗方法的成熟程度,分为临床性医疗行为与实验性医疗行为。

临床性医疗行为,是指医疗方法的效果已通过动物或者人体得到反复验证、安全可靠、疗效明显,被医学界所普遍认可的合理医疗行为。临床性医疗行为不仅包括一般性的诊疗、手术、麻醉检验等,而且涉及传统中医的望闻问切、推拿和针灸等。临床性医疗行为与医学发展水平息息相关,如患者下肢受到细菌感染,在没有杀菌药物的情况下,可以通过截肢的方式保全;如果存在有效药物,则不应再盲目实施截肢。

实验性医疗行为,是指医疗方法或者技术经过动物试验获得成功后,对人体疾病和机能进行初步预防、恢复、治疗等,但是具体疗效尚未获得医学界认可,安全性也无法得到完全保障的医疗行为。这属于医疗行为领域的科研探索,会给人体带来较大的风险。因此,其虽然已经征得患者同意,也必须通过合同方式约定各自承担的损害赔偿责任。

实验性医疗行为作为进行人体试验的科研行为,在整个人类医学史上有着举足轻重的作用。医学科学的进步离不开实验性医疗行为,但实验性医疗行为必须做到遵循伦理道德原则,保护受试者权益不受侵犯。医疗行为主体应当根据实际情况承担不同的注意说明义务,且必须使患者完全理解。值得注意的是,实验性医疗行为是不断向临床性医疗行为转变的。

第一百一十三条【医疗机构、公立医疗机构和私立医疗机构的定义】
本法所称医疗机构是依法定程序设立的从事疾病诊断、治疗活动的卫生机构的总称。公立医疗机构是政府利用公共资源举办的医疗机构;私立医疗机构是利用社会资本举办的医疗机构。

【立法说明】

本条是关于医疗机构的规定。

依据《医疗机构管理条例》的规定,医疗机构是依法定程序设立的从事疾病诊断、治疗活动的卫生机构的总称。

按照1982年卫生部颁布的《全国医院工作条例》所述,公立医院是治病防病、保障人民健康的社会主义卫生事业单位,必须贯彻党和国家的卫生工作方针政策,遵守政府法令,为社会主义现代化建设服务。公立医院主业是治病防病,但其由国家出资举办,强调社会服务和公益目的。公立医疗卫生机构是政府利用公共资源举办的非营利性机构,其资产的性质是非经营性国有资产,目标是改善社会健康绩效,而不是营利和资产增值。不以营利为目的,是公立医院始终必须遵循的原则。同时,其还具有不承担纳税义务、价格上遵守国家制定等价格政策、资产上不得自行处置转移、资产最终归属社会等特征。私立医疗机构则是由社会资本举办的医疗机构。因社会资本的特殊性,私立医疗机构应当保持医疗机构的公益性,但对是否属于非营利性机构不作硬性规定。

总之,公立医疗卫生机构是政府出资建设的医疗保健业者,为民众提供公平的基本医疗卫生服务是其核心职能。公立医院、公立基层医疗卫生机构和专业公共卫生机构应相互配合,共同为国家提供必要的健康服务,经过培训的医生和其他医务人员,足够数量的医院、诊所和其他卫生设施等基本医疗卫生服务,以提高社会整体健康水平,保障公民健康权;而由社会资本举办的私立医院则是整个医疗卫生体系中的重要补充。

第一百一十四条 【医疗法人、医疗营利法人和医疗非营利法人的定义】

本法所称医疗法人包括医疗营利法人和医疗非营利法人。医疗营利法人指为公益目的成立,向出资人分配所取得利润的医疗法人;医疗非营利法人指为公益目的成立,不向出资人分配所取得利润的医疗法人。

【立法说明】

本条是关于医疗法人的规定。

根据国务院体改办等八部门《关于城镇医药卫生体制改革的指导意见》(国办发〔2000〕16号)第1条规定,非营利性医疗机构,是指为社会公众利益服务而设立和运营的医疗机构,不以营利为目的,其收入用于弥补医疗服务成本,实际运营中的收支结余只能用于自身的发展,如改善医疗条件、引进技术、开展新的医疗服务项目等。营利性医疗机构,是指医疗服务所得收益可用于投资者经济回报的医疗机构。

在目的上,公立医院是在政府领导下,负责落实国家的卫生工作方针、卫生政策和医疗救治任务的重要卫生机构。各级公立医院的主要任务是对辖区提供全面、连续的医疗护理、预防保健和康复等服务。从功能上,公立医院是我国医疗服务体系的主体,应当坚持维护公益性,充分发挥其在基本医疗服务提供、急危重症和疑难病症诊疗等方面的骨干作用;基层医疗卫生机构提供预防、保健、健康教育、计划生育等基本公共卫生服务等;专业公共卫生机构维护社会公共健康卫生。因此,公立医院必须是非营利性医疗机构。

非营利医院并非完全的"不营利",而是指"不以营利为目的",收益不向投资者分配。但是缺失了逐利机制,公立医院为维持经营需要政府大力的财政支持。但政府财政能力是有限的,财政支持力度也是有限的,过多的资源流向公立医院不仅会影响政府其他公共服务职能的履行,也无法达到充分发挥市场机制作用的目标。反之,非营利性医院不考虑公益性,为追求利益

定价过高，同时它的技术、人才、设备、政策又不如公立医院，在市场竞争中也会失去优势，无法继续运营下去。因此，无论是否营利，医疗机构想要在市场竞争中站稳脚跟必须同时兼顾医疗行业的公益性与经济性。

第一百一十五条 【医疗广告的定义】

本法所称医疗广告指利用媒体或其他方法，宣传医疗业务，以达招徕患者医疗为目的的行为。

【立法说明】

本条是关于医疗广告定义的规定。

按照广告的内容和性质分类，广告可分为商业广告和非商业广告。商业广告也称经济界广告，是最为普遍的广告类型，我国法律首次规定广告的定义是针对商业广告的。广告法规定，广告是指商品经营者或服务提供者承担费用，通过一定的媒介和形式直接或间接地介绍自己所推销的商品或者提供的服务的商业广告。

医疗广告，是指利用各种媒介或者形式，直接或间接介绍医疗机构或医疗服务的广告，也属于一种商业广告。因为制度的缺陷，违法医疗广告的蔓延，曾经很长一段时间关于"医疗广告"是否要取缔的问题在社会各界争论得沸沸扬扬。医疗广告是医疗市场进行信息传播的主要工具，不仅可以对医疗服务的推广、宣传起到积极作用，而且可以增强医疗市场管理、监督机制的透明度。鉴于此，医疗广告是不宜轻易被取缔的。

为加强医疗广告管理，保障人民身体健康，原国家工商行政管理总局和卫生部根据《广告法》《医疗机构管理条例》《中医药条例》等法律法规的规定，修订、发布了新的《医疗广告管理办法》，并于2007年1月1日起正式实施。《医疗广告管理办法》有三大新的突破：明确了医疗广告发布前的审查制度；首次对发布的广告内容作出了明确限定；加大了对违法医疗广告的处罚力度。